3日でわかる法律入門

はじめての
会社法

第11版

尾崎哲夫 著

自由国民社

はじめに——法律をみんなのものに

❖私たちと法律

「法律は難しい」というイメージがあります。

また「法律は専門的なことで，普通の人の普通の生活には関係ないや」と思う人も多いことでしょう。

しかし，国民として毎日の生活を送るかぎり，いやおうなしにその国の「法律」というルールの中で生きているはずです。

クルマに乗れば，道路交通法に従わなければなりません。

商取引は当然，商法などの法律の規制の下にあります。

私達はいわば法の網の目の中で，日々の生活を過ごしているわけです。

法律の基本的な知識を持たずに生活していくことは，羅針盤抜きで航海するようなものです。

❖判断力のある知恵者になるために

法律を学ぶことには，もう一つ大きな効用があります。

法律を学ぶと，人生において最も大切な判断力が養われます。

ともすればトラブルを起こしがちな人間社会の生活関係において，そこに生じた争いごとを合理的に解決していく判断力を養うことができます。

たとえば，学生が学校の銅像を傷つけたとします。

判断力のない小学生の場合，次のような反応をします。

「えらいことをしてしまった。叱られるかな，弁償かな」

でも法学部の学生なら，次のような判断ができるはずです。

「刑法的には，故意にやったのなら器物損壊罪が成立する」

「民法的には，故意／過失があれば不法行為が成立する。大学は学生に対して損害賠償請求権を持つ」

このように判断した後ならば，次のような常識的判断も軽視できません。

「簡単に修理できそうだから，問題にならないだろう。素直に謝って始末書を出せば平気かな，わざとやったわけではないし」

❖商法・会社法はビジネスの基本ルール

数ある法律の中でも，六法の一つである商法とそこから生まれた会社法はビジネスの基本ルールとしてたいへん重要な役割を担っています。

それは，**商法・会社法は民法の特別法として，企業関係全般についての決まりごとを定めている法律**だからです。商法・会社法のジャングルの中に入り込み，システマティックに学んでいくことは，ビジネスに不可欠な法律知識をマスターするために避けて通れない道なのです。

❖誰でもわかる法律の本を

ところが従来の法律の本は，商法・会社法にかぎらず専門的すぎてわかりづらいものがほとんどでした。法律はやさしいものではないのだから，読者が努力して理解するものだ，という発想があったことは否定できないと思います。

かなり優秀な法学部の学生や基礎的知識のある社会人などを対象として，筆者が思うままに書き進めるパターンが支配的だったように思われます。

しかし法律をみんなのものにするためには，理解しようとする人なら誰でもわかる本を書いていかなければならないと思います。

　失礼な表現かも知れませんが，**平均以上の高校生が理解できるように書き進めました**。高等学校の公民＝政治経済の授業で平均以上のやる気のある高校生に対して，黒板で説明していくつもりで書いていきました。

　一人でも多くの方がこの本をきっかけに法律に親しみ，判断力を養い，法律を好きになっていただければ，望外の幸せであります。

　自由国民社はできるだけわかりやすい法律の本を，安く提供することに努力を傾けてきた出版社です。自由国民社のこのシリーズが長く愛読されることを願ってやみません。

　　令和元年8月吉日

尾崎哲夫

　〈付記〉

　編集担当者として努力を惜しまれなかった自由国民社の竹内尚志編集長に心から御礼を申し上げます。竹内氏の能力と情熱がなければこの本はできなかったことでしょう。

この本の使い方

この本は平成17年に成立した「会社法」に対応しています。

会社法は第一編から第八編までに分かれていますが、そのうちの重要なことがらを、この本の第1時間目から第11時間目までで解説しています。

そしてこの本の第0時間目は「序論」として、一番前に持ってきました。

それぞれのページの中で出てくる会社法の条文のうち、参照しながら読んでほしいものは、そのページか前後のページの下の方に載せてあります。

商法

第一編	総　　則
第二編	株式会社
第三編	持分会社
第四編	社　　債

会社法

第五編	組織変更，合併，会社分割，株式交換及び株式移転
第六編	外国会社
第七編	雑　　則
第八編	罰　　則

そして巻末には、重要な条文をまとめて掲載しました。

電車の中で、六法を参照できないときにも読めるように工夫しました。

できるだけ読みやすくしてありますので、なるべく条文になじむようにしてください。**なおこの本の内容は、令和元年8月末日までに公布された法令にもとづいて書かれています。**

記憶すべきまとまったことがらについては、黒板の中に整理しました。試験対策として使えるはずです。

試験対策でなくてもある程度の基本事項を記憶していくことは、さらに勉強を進めるにあたって、重要なことです。

覚えるほうがよいと思われる事項については、黒板のまとまりごとに記憶し、次のステップに対する準備としてください。

巻末に若干の付録をつけました。また、さくいんもつけてあります。それぞれご利用ください。

推 薦 で き る 会 社 法 関 係 の 本

⑴『株式会社法』江頭憲治郎著（有斐閣）

著名な学者による代表的な基本書。最新の第7版では，会社法の基本法になる民法の改正との関係にも言及している。資格試験の受験生や一通り概略を学習した中・上級者向け。

⑵『リーガルマインド会社法』弥永真生著（有斐閣）

こちらも著名な学者による代表的な基本書。コンパクトにまとめられており，初学者から資格試験の受験生まで幅広く読まれている。

⑶『基礎から学べる会社法』近藤光男・志谷匡史・石田眞得・釜田薫子著（弘文堂）

初学者向けに，基本事項に重点を置いて簡潔にまとめられ，また図表や2色刷で読みやすさにも配慮している。

⑷『ピンポイント会社法』デイリー法学選書編修委員会編（三省堂）

初学者向けに，ボリュームの多い会社法の中から最も基本的な点に的を絞って解説をした本。まずは会社法のエッセンスを知りたいという方向け。

⑸『会社法』神田秀樹著（弘文堂）

著名な学者による基本書の一つ。時々の法改正に対応しながら現在，20版を重ねるロングセラーで，初学者から資格試験の受験生まで幅広く読まれている。

もくじ

はじめに ——————————————————— 3
この本の使い方 ——————————————— 6
推薦できる商法関係の本 —————————— 7

0時間目 序論
「会社法」って何だろう？ ————————— 11
キオークコーナー▶▶▶0 ————————— 19

1時間目 会社法その1
株式会社とは ——————————————— 21
キオークコーナー▶▶▶1 ————————— 27

2時間目 会社法その2
株式会社の設立 —————————————— 29
⓪ ▶「会社の設立」とは何か ——————— 30
① ▶株式会社の設立の手続き ——————— 31
キオークコーナー▶▶▶2 ————————— 37

3時間目 会社法その3
株式 ———————————————————— 39
① ▶株式とは ——————————————— 40
② ▶株主と株式 —————————————— 42
キオークコーナー▶▶▶3 ————————— 55

4時間目 会社法その4

株式会社の機関 ————————————————— 57
① ▶会社の機関とは ————————————————— 58
② ▶株主総会 ————————————————————— 62
③ ▶取締役・取締役会 ——————————————— 68
④ ▶監査役 ————————————————————— 75
キオークコーナー▶▶▶4 ——————————————— 79

5時間目 会社法その5

企業会計 ——————————————————————— 81
① ▶計算書類 ———————————————————— 82
② ▶資本金 ————————————————————— 88
③ ▶剰余金の分配 ————————————————— 90
キオークコーナー▶▶▶5 ——————————————— 93

6時間目 会社法その6

募集株式・新株予約権・社債 ——————————— 95
⓪ ▶会社の資金調達 ———————————————— 96
① ▶募集株式・新株予約権の発行 ——————— 98
② ▶社債 ——————————————————————— 102
キオークコーナー▶▶▶6 ——————————————— 103

7時間目 会社法その7

定款の変更 ———————————————————— 105
キオークコーナー▶▶▶7 ——————————————— 108

もくじ▶9

8時間目 会社法その8

解散と清算 ——————————————————— 109
① ▶解散 ——————————————————————— 110
② ▶清算 ——————————————————————— 112
キオークコーナー▶▶▶8 —————————————— 114

9時間目 会社法その9

組織変更・組織再編 ————————————————— 115
① ▶組織変更 ————————————————————— 116
② ▶会社の合併 ———————————————————— 117
③ ▶会社の分割 ———————————————————— 120
④ ▶株式交換・株式移転 ————————————————— 121
キオークコーナー▶▶▶9 —————————————— 122

10時間目 会社法その10

会社再建・特別清算 ————————————————— 123
キオークコーナー▶▶▶10 ————————————— 127

11時間目 会社法その11

持分会社 ————————————————————————— 129
キオークコーナー▶▶▶11 ————————————— 132

巻末付録 ——————————————————————— 135
本書関連の法律条文一覧 ——————————————— 139
さくいん ——————————————————————— 178

ブックデザイン——中山銀士　本文カット——勝川克志

0時間目 序論
「会社法」って何だろう？

▶六法

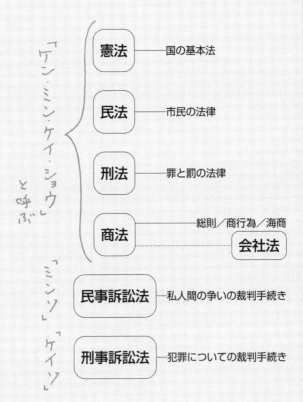

「ケン・ミン・ケイ・ショウ」と呼ぶ

- 憲法 ── 国の基本法
- 民法 ── 市民の法律
- 刑法 ── 罪と罰の法律
- 商法 ── 総則／商行為／海商 …… **会社法**

「ミンソ」「ケイソ」

- 民事訴訟法 ── 私人間の争いの裁判手続き
- 刑事訴訟法 ── 犯罪についての裁判手続き

●1● 会社とは

会社は，共同企業形態の典型的なもので，個人企業と比較して次のような長所を持っています。

会社のメリット
①資本と労力を結集し，大規模な事業を展開できる
②負担や危険を分散できる

1人が1億円出して企業を作るより，100人が1億円ずつ合計100億円出資した方が，大規模な企業を作ることができます。企業規模が大きいほど運営上のメリットが出ます。一方で，1人あたりの負担・危険は1億円にとどめることができます。

●2● 会社法とは

一人会社（いちにんがいしゃ）も認められています。

会社法とは，会社に関する法律です。
つまり，会社に関する各経済主体の利益を調整する法です。

商法と会社法
①商　法　個人企業・共同企業に関するルール
②会社法　共同企業のうち会社に関するルール
　　　　　会社に関する人や組織の利害調整の法

企業は，継続的・計画的にある種の経済活動を行い，利潤を追求するものです (個人企業と共同企業があります)。

　会社は，自然人と並んで権利・義務の主体として法人格を与えられています (会社法3条)。

●3● 会社の法的規制

　会社法は，会社の法的規制をはかる法律です。

　すなわち，会社に関する人や組織の利害調整の法律であり，会社の設立・会社存続中・会社の解散清算の流れにおいて，会社に関する関係者の利害を調整する法律なのです。

●4● 会社法の法源

　会社法の中心法源は，平成17年に新しく制定された「会社法」です。それ以外に，金融商品取引法，会社更生法，商業登記法，社債，株式等の振替に関する法律などの特別法令があります。その他，商慣習法や会社の定款も法源といえます。

会社法はこういうものでできている
①「会社法」(平成17年法律86号)
②特別法令　金融商品取引法，会社更生法，商業登記法など
③商慣習法　取引社会の慣習
④各会社の定款

　なお，会社と従業員の関係は，労働法が規律しています。また，会社に貸付けという形でお金を貸す場合は，民法の消費貸借の規定が適用されます。　民法587条以下

その他，周辺の法律としては，独占禁止法，銀行法，保険業法などがあります。

●5● 会社に関する法律の適用順位

会社に関する法律の適用順位は，次のとおりです。

一般の法律の適用順位や，商法の適用順位と比較しながら理解してください。

法適用の優先順位
①一般の法律　条約＞特別法＞一般法
②商法　　　　商事条約＞商事特別法＞商法典＞商慣習法＞民法
③会社法　　　商事条約＞定款＞会社に関する特別法令＞会社法＞
　　　　　　　会社に関する慣習法＞民法

いずれも，条約が第1法源です。そして，特別法は一般法に優先し，慣習法も民法に優先します。民法は最後の法源として，どの法源の網にもかからないものについて法源の役割を果たします。

●6● 会社の概念

先ほど,「会社とは?」というタイトルでごく簡単にまとめてしまいましたが,もう少し詳しく説明します。

まず,3つに要約できます。

会社の特徴
①営利性　とにかく利潤を上げなければなりません
②社団性　組合に対する概念です
③法人性　法人格があります

❖営利性

まず,営利性について説明します。会社は,事業を通して利益を上げ,その利益を構成員に分配する団体です。私的団体ですから,公益ではなく,利益を図ります。

❖社団性

次に社団性です。これは組合と対応させながら理解します。

社団と組合
①社団　構成員が団体と社員関係によって結合する関係
②組合　構成員が契約関係によって結合する関係

組合の場合は構成員の個性が色濃く，社団の場合は希薄になります。　*株式会社はその極致といえます*

社団の場合，団体の財産は団体自身の所有に属します。構成員は単に観念的な存在です。構成員の権利義務は社員の地位の中に吸収されています。

組合の場合，構成員の権利義務は，他の構成員に対する権利義務になっています。構成員は団体を合有しています。合有の権利を有する者として，団体に対して物権的な持ち分を持っています。

❖法人性

最後に法人性です。**法人というのは，自然人でもないのに権利義務の主体となれる組織**のことです。社団であっても，法人格を認められないときは，権利能力なき社団と呼ばれます。

法人であることの特徴としては，次の3点が考えられます。

法人の特徴
①権利義務の主体になれる
②民事訴訟において，原告・被告になれる
③法人財産への強制執行のためには，法人を名指しして債務名義をとることが必要

なお，**法人格否認の法理**というものがあります。たとえば，社員が1人で事実上会社と社員個人を別人格と認められない場合（形骸化），権利の濫用となっている場合に，この法人格を否認してしまう理論です。

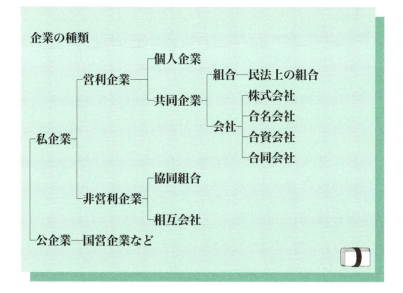

この図について説明します。

まず、私企業と公企業に分かれます。そして、私企業は、営利企業と協同組合・相互会社などの非営利企業に分かれます。もっとも、保険企業の場合、相互保険会社と株式会社の形をとっている保険会社との実質的な差異はありません。

そして、営利企業は、個人企業と共同企業に分かれます。さらに、共同企業は、組合と会社に分かれるのです。

●7●
会社法の歴史

明治23年の旧商法が、日本初の一般会社法でした。

明治32年に現行の商法典が制定されました。この商法典は、ドイツ法をまねたもので、株主総会を頂点としつつ、執行機関としての取締役、監督機関としての監査役、という三権分立パターンを基礎としたものです。

敗戦後，昭和25年に，アメリカ法の影響を受けて，大改正がなされました。その後もひんぱんに——とくに最近では，毎年のように——改正されてきました。取引きの実態が，日々変化してきたからです。

　そして，平成17年に抜本改正され，それまでの商法第2編，有限会社法，商法特例法などが1つの法典＝「会社法」としてまとめられました。以前は，会社法という法律がなく，条文，法令がとびとびであてはめられていました。この改正で実務的な利用がしやすいものとなりました。

ようやく会社法という名の法律ができました

キ オ ー ク コ ー ナ ー **0** 時 間 目

[用語チェック]

①②資本，労力
□　会社は，個人企業と比べると〔①〕と〔②〕を大規模に結集できるという特徴があります。また，〔③〕や〔④〕を分散できるという長所があります。

③④負担，危険

⑤利益
□　会社法は，会社に関する経済主体の〔⑤〕を調整する法律です。

⑥企業(個人・共同)
□　ごく簡単に言うと，商法は〔⑥〕に関する法だといえます。また，会社法は〔⑦〕に関する法だといえます。

⑦会社

⑧営利社団
□　会社は，共同企業形態としての〔⑧〕法人として法人格を与えたものです。

⑨会社法
□　会社法の中心的な法源は平成17年に制定された〔⑨〕です。

⑩金融商品取引法
□　会社法の法源はそれ以外に，〔⑩〕，会社更生法，商業登記法などの特別法令があります。

⑪労働法
□　会社と従業員との関係は〔⑪〕が規律しています。

□　会社に貸付けという形でお金を貸す場合は，民法の〔⑫〕の規定が適用されます。

⑫消費貸借

⑬(商事)条約
□　一般の法律・商法・会社法の適応順位は，いずれも〔⑬〕が第1法源です。そして，〔⑭〕は一般法に優先し，慣習法が〔⑮〕に優先します。

⑭特別法

⑮民法

⑯営利性
□　会社の特徴は〔⑯〕と法人性と社団性の3つに要約できます。

0 キオークコーナー ▶ **19**

□　会社は私的団体ですから，公益ではなく，〔⑰〕を目的とします。

⑰利益

□　社団の場合，団体の財産は〔⑱〕の所有に属します。

⑱団体自身

□　社団であっても，法人格を認められない時は，〔⑲〕社団と呼ばれます。

⑲権利能力なき

□　法人であることの特徴として，〔⑳〕の主体になれることなどがあります。

⑳権利義務

□　私企業は営利企業と〔㉑〕企業に分かれます。さらに営利企業は，〔㉒〕企業と〔㉓〕企業に分かれます。

㉑非営利

㉒㉓個人，共同

□　明治32年に現行の〔㉔〕が制定されました。平成17年にはそれまでの商法第〔㉕〕編・有限会社法・商法特例法などが1つの法典＝「会社法」にまとめられました。

㉔商法典

㉕2

□　〔㉖〕というのは、会社と社員個人が別人格とは実際上認められない場合に、法人格を否定する考え方です。

㉖法人格否認の法理

□　保険企業の場合、相互保険会社と〔㉗〕の形をとっている保険会社との間に実質的差異はありません。

㉗株式会社

1時間目
会社法その1
株式会社とは

▶ここで学ぶこと

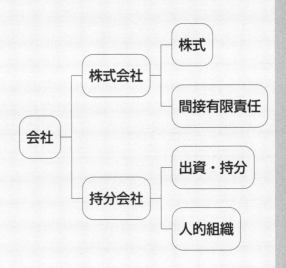

●1● 「株式会社」とは

株式会社とは,社員の地位が株式(かぶしき)という細分化された割合(わりあい)的な単位の形をとり,またその社員＝株主が会社に対して株式の引き受け価格を限度とする出資義務(しゅっしぎむ)を負うだけで,会社の債権者に対して責任を負うことのない会社です。

> **株式会社のポイント**
> ①社員の地位が,株式という割合的な単位の形をとる。
> ②社員＝株主は,間接有限責任(かんせつゆうげん)のみを負う。

内容をくわしく勉強しましょう。

❖株式

株式会社の社員＝株主の地位は,割合的単位の形式をとります。この地位を株式と呼びます。このように社員の地位を単位化するのは,お金を持つ多くの一般的な人々が,簡単に会社に参加できるようにするためです。

また,この形式は,社員の地位をスムーズに譲渡することを可能にします。会社の評判さえよければ,多くの人が株を買うという形でお金を出してくれます。出した人が急にお金が必要になったときにも,その株を売りさえすればお金が入るので,気軽に株を買うことができるのです。

❖間接有限責任

　株式会社では，社員の地位が株式化されているので，社員＝株主は，株式の引き受け価格を限度とする有限責任のみを負担することになります。しかもそれはあくまで会社に対する出資義務という責任であり，会社の債権者に対して直接責任を負うことはありません。

　たとえば私が100万円でA社の株を買った場合に，A社が倒産して株の価値がゼロになるという最悪の場合でも，私はその100万円をあきらめればすみます。そのときA社が銀行から1億円借りていたとしても，銀行は私の財産に対しては何もすることができません。

　つまり私が100万円で株を買ったとき，私はA社の社員となるわけですが，その後A社が発展して株価が上がったり，配当が増えればマル。たとえ株価が下がったり，A社がつぶれたりしても，100万円をあきらめればOKなのです。だれも私の財産に突っかかってくる人はいません。

　これならだれもが安心して，自分のポケットマネーをリスクの限度として株式を買い，株主＝社員になることができますね。結果として，多くの人がA社の株を買ってくれることになり，A社も大助かりです。

●2●
資本金

　株式会社のもう一つの特徴として，資本金制度があります。

　株主＝社員は，会社に対して有限責任を負担するだけですから，**会社の財産的基本としては人的なものは存在せず，会社財産そのものだけです**。会社に対して債権を持つ債権者のためにも，また事業を営む会社自身のためにも，相当なお金が必要です。このお金を資本金といいます。

❶株式会社とは ► 23

資本金に関しては，従来，会社債権者を保護するため，

①**資本充実・資本維持の原則**……資本金に相当する財産が現実に会社に拠出され維持されること

②**資本不変の原則**……資本金の勝手な減少を規制すること

③**資本確定の原則**……会社の設立や増資の場合には，相当する資本金の引き受けが確定しなければならないということ

という「資本の3原則」があると説明されていましたが，平成17年に制定された新しい会社法では最低資本金制度が廃止されたことによって，これらの原則は縮小化・柔軟化されていると言えます。

「最低資本金制度」とは，一定額以上の出資がなければ会社の設立を認めないというルールで，設立後も資本金が維持されるよう勝手に減少できないよう規制する役割を果たしていましたが，この制度によってベンチャー企業の立ち上げが制約されていました。また，事業による損失で会社財産が資本金の額に満たなくなっても，解散や増資が要求されていなかったので，最低資本金制度が必ずしも会社債権者保護につながっていないと言われていました。

新しい会社法ではこの制度が撤廃されたので，資本金が1円の会社も認められることになりました（ただし純資産額が300万円未満の場合には，剰余金があっても株主に分配することができないという規制があります）。　1円からの設立OK

● 3 ●
株式会社のその他の特色

株主＝社員は，企業の所有者として利益＝剰余金（じょうよきん）の分配を受けます。しかし，かんじんの企業の経営については，株主総会で取締役（とりしまりやく）を選任して任せてしまいます。また，監査役（かんさやく）を選任

して監査させたりします。自分自身は経営にタッチしません。

株式は自由に譲渡され，有価証券として流通します。

●4● 株式会社の歴史

「所有と経営の分離」といいます

世界で初めて株式会社的なものができたのは，1600年に設立されたオランダの東インド会社だとされています。1807年フランス商法典に初めて株式会社関連の規定がおかれました。

日本においては，100万社以上の株式会社があります。

●5● 株式会社と持分会社

株式会社は，会社法の中心です。株式会社に関する説明は，会社法に関する説明の中で大きな部分を占めます。ですから，会社法の勉強では，株式会社の基本をしっかりとイメージしておくことが大事です。

そのためには，株式会社とその他の会社（持分会社）——合名会社・合資会社・合同会社——とを比較することが大切です。比較によって株式会社の特徴を浮かびあがらせ，イメージづけるのです。

会社の種類
①**株式会社**　会社法の中心
②**持分会社**　株式会社以外のもの　新しい形態
　└(1) 合名会社　(2) 合資会社　(3) 合同会社

以前は「有限会社」という形態もありました。

❖合名会社

　合名会社は，会社債権者に対して直接無限責任を負う社員で構成される会社です。社員は会社の業務を執行する権利・義務を持ちます。さらに会社を代表する権限も持ちます。重要事項の決定は，社員全員の一致によって決められます。少人数の家族的な会社だといえます。

❖合資会社

　合資会社は，無限責任社員と有限責任社員との両方で構成されます。簡単にいうと，合資会社は，株式会社と合名会社の中間のような会社です。

❖合同会社　　新しい形態

　合同会社では，社員は出資額の限度とする間接有限責任を負うだけです。この点は株式会社と同じですが，会社内部の組織は民法上の組合と同様のルールが適用され，社員全員の意見を反映した制度設計や会社経営が可能です。

●6●
人的会社と物的会社

　合名会社・合資会社では，会社の業務執行に参加し，また会社の債権者に対して直接無限の責任を負う社員がいます。このように社員の人的要素が会社と強く結びついているタイプの会社を，人的会社といいます。これに対して株式会社では，社員は原則として会社の経営と切り離され，会社の債権者に対して間接有限責任しか負いません。このように社員の個性が会社と強く結びついていないタイプの会社を，物的会社といいます。人的会社の典型が合名会社で，物的会社の典型が株式会社です。

キオークコーナー **1** 時間目

[用語チェック]

①株式
②割合的

③出資義務（間接有
限責任)

④〜⑥資本充実（資
本維持)・資本不変・
資本確定
⑦有価証券

⑧東インド会社
⑨直接無限責任

⑩合資会社

⑪出資義務（間接有
限責任)

⑫持分会社

⑬人的会社

□　株式会社は，社員の地位が〔①〕という
細分化された〔②〕な単位の形をとり，そ
の社員＝株主が会社に対して株式の引き受
け価格を限度とする〔③〕を負うだけで，
会社の債権者に対して責任を負わない会社
です。

□　資本に関してかつては３つの原則がある
と説明されました。〔④〕の原則，〔⑤〕の
原則，〔⑥〕の原則です。

□　株式は自由に譲渡され，〔⑦〕として流
通します。

□　世界で初めて株式会社らしいものができ
たのは，1600 年に設立されたオランダの
〔⑧〕だとされています。

□　合名会社は，会社債権者に対して〔⑨〕
を負う社員で構成される会社です。

□　〔⑩〕は，無限責任社員と有限責任社員
との両方で構成される会社です。

□　合同会社の社員は，出資額を限度とする
〔⑪〕を負うだけです。この点は株式会社
と同じですが，会社内部の組織は民法上の
組合と同様のものになります。

□　合名会社・合資会社・合同会社を合わせ
て〔⑫〕といいます。

□　社員の人的要素が会社と強く結びついて
いる会社を〔⑬〕といいます。

❶キオークコーナー ▶ **27**

□　株主である株式会社の社員は，企業の所有者として〔⑭〕の分配を受けます。しかし，企業の経営そのものは〔⑮〕において〔⑯〕を選任し，任せてしまうのです。さらに〔⑰〕をおいて経営をチェックさせたりすることができますが，株主自身は経営に直接には参加しません。

⑭利益

⑮株主総会

⑯取締役

⑰監査役

□　人的会社の典型が〔⑱〕で物的会社の典型が〔⑲〕です。

⑱合名会社

⑲株式会社

□　合同会社においては、社員は〔⑳〕を負うだけです。ただ会社内部の組織は民法上の〔㉑〕と同じルールが適用されます。

⑳間接有限責任

㉑組合

2時間目 会社法その2
株式会社の設立

▶ここで学ぶこと

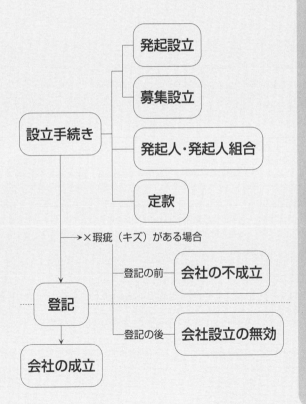

❶▶「会社の設立」とは何か

　株式会社の設立について説明する前に，会社一般の設立についてふれておきましょう。

　会社の設立というのは，会社を成立させることです。およそ組織や団体を成立させるには，次の4つが土台になります。

組織・団体に必要なものって何でしょう？
①ルール
②メンバー
③運営のためのお金
④運営のための機関

　そして，それらを会社という枠組みにあてはめると，次のようになります。

---

①会社のルール　⇒　定款
②会社のメンバー　⇒　社員
③会社のお金　⇒　資金の出資
④会社の機関　⇒　取締役など

　会社設立のもう一つの側面は，会社となる団体に「法人格」が与えられるということです。*登記によって与えられます*

❶▶ 株式会社の設立の手続き

株式会社を設立するには，設立の際に，原則としてその会社の発行可能株式総数の4分の1以上の株式を発行しなければなりません (37条3項，ただし公開会社でない会社は別)。

●1●
発起設立・募集設立

株式会社の設立には，発起設立と募集設立があります。

発起設立は，発起人が株式会社の設立の際に株式の全部（総数）を引き受ける方法です。発起人の数も少なくなり，手続きも簡単になります。

募集設立は，発起人が株式会社の設立の際に株式の一部を引き受け，残りの株式については株主の募集を行う方法です。株主になりたいという申し込みがあり，それらの人に対して株式を割り当てると，株式の全部の引き受けが確定します。

発起設立と募集設立
①発起設立　発起人が株式会社の設立の際に株式の総数を引き受ける
②募集設立　発起人が株式会社の設立の際に株式の一部を引き受け，残りの株式については株主を募集する

いずれの場合にも，設立の登記がなされると設立手続きが終了し，株式会社が誕生します。同時に，その株式会社に法人格が与えられます。

●2● 発起人と発起人組合

発起人というのは，株式会社の設立行為者です。発起人は，少なくとも1株以上の株式を引き受けなければなりません（25条2項）。つまり発起人は設立中の会社の構成員であると同時に，執行機関でもあるのです。

発起人組合は，発起人が集まった民法上の組合です。発起人組合は，定款の作成，株式の引き受け，事務の執行などを行います。

●3● 定款

定款というのは，団体や法人の組織・活動のルールです。また，このルールの書かれている書類それ自体を定款と呼ぶこともあります。

定款の作成とは，会社の根本ルールを実質的に確定し，形式的に書面化または電磁的記録化することを意味します。定款は，公証人の認証を受けなければ効力を生じません（30条）。

定款の内容には，次の3種類があります。

27条〔定款の記載又は記録事項〕株式会社の定款には，次に掲げる事項を記載し，又は記録しなければならない。
1．目的　2．商号　3．本店の所在地　4．設立に際して出資される財産の価額又はその最低額　5．発起人の氏名又は名称及び住所

定款の内容
①**絶対的記載事項** 絶対に定款に規定しなければならない事項(27条)。記載しないと定款は無効
②**相対的記載事項** 定めなくても定款が無効になるわけではないが，定款に定めておかないとその事項の効力が認められなくなる事項 (28条)
③**任意的記載事項** ①②以外で任意に記載可の事項(29条)

①の絶対的記載事項には，(1)会社の目的，(2)商号，(3)本店の所在地，(4)設立にあたって出資される財産の価額またはその最低額，(5)発起人の氏名または名称と住所，があります。

②の相対的記載事項には，変態設立事項があります。

変態設立事項には，現物出資（金銭以外の財産による出資）・財産引受（発起人が会社の成立を条件として，成立後の会社のために，事業のための財産を譲りうける行為）・発起人の報酬や特別利益・設立費用の4つがあります。いずれも発起人によって濫用されがちなので，株主と会社債権者の利益を保護するために特別な手続きが必要となる場合もあります。

③任意的記載事項としては，たとえば，株主総会の議長の決め方や取締役の人数などを定款に定めておくことができます。

●4● 設立の手続き

❖発起設立の場合 (34条)

発行する株式のすべてを発起人が引き受ける設立ですね

まず，発起設立の手続きを説明しましょう。

発起人は払い込み期日を定めて，出資の履行をしなければなりません。つまり払い込み期日までに各発起人が，自分が引き受けた株の発行価格全額分の払い込みをしなければなりません。現物出資の場合は，その全部を給付しなければなりません。

出資の履行後，発起人は取締役を選任し，会社設計に応じて監査役・会計参与・会計監査人を選任します (38条)。

❖募集設立の場合

今度は募集設立です。*発起人と募集した株主の両方が*
まず，発起人が株式を引き受けます。*株式を引き受ける*
次に，発起人が株主を募集します (57条)。*設立ですね*

株式申込人は，法定の事項を記載した書面又は電磁的記録を作成し発起人に交付します。募集した株式総数に対する株式の申し込みがあると，発起人は割り当てをします。つまり，どの申込人に株式を引き受けさせるか，どれだけの株を引き受けさせるかの決定をするのです。

・・・

34条〔出資の履行〕①発起人は，設立時発行株式の引受け後遅滞なく，その引き受けた設立時発行株式につき，その出資に係る金銭の全額を払い込み，又はその出資に係る金銭以外の財産の全部を給付しなければならない。ただし，発起人全員の同意があるときは，登記，登録その他権利の設定又は移転を第三者に対抗するために必要な行為は，株式会社の成立後にすることを妨げない。

割り当てが決まることによって株式申込人の，設立中の会社に対する「入社」が確定します。**株式申込人は株式引受人になります**。株式引受人は株主の前身で，自分の割り当てられた株式数に対して払い込みの義務を負います（63条）。

株主の募集 → 申し込み・割り当て → 引き受け
→ 払い込み

●5● 設立中の会社と発起人 *『はじめての民法総則』参照*

設立登記をするまでの間の会社は「権利能力なき社団」と考えられます。発起人にはその執行機関としての責任があります。

発起人が設立中の任務を怠ったときには，会社に損害を賠償しなければなりません（53条）。

次に，会社が成立しなかった場合には，発起人は設立に関して行った法律行為について連帯して責任を負います。また設立のために支出した費用も負担しなければなりません（56条）。

●6● 会社設立の無効

株式会社が設立され，登記もされ，現実に会社が存在している場合に，設立のプロセスの中で無効原因があるケースが問題になります。会社が事実上活動を開始してしまうと，会社の内外でさまざまな法律関係が発生するからです。無効原因があるからといって，あっさり無効にしてしまうわけにはいきません。その会社との間で法律関係を形成した人たちを保護しながら，無効原因に対応しなければならないのです。

無効原因には次のようなものがあります。

❷株式会社の設立 ▶ 35

株式会社の設立が無効になる場合
①定款の絶対的記載事項の記載がない
②定款の絶対的記載事項の内容が違法
③定款に公証人の認証がない
④発起人全員の同意による株式発行事項の決定がない
⑤創立総会の招集がない
⑥設立の登記自体が無効なとき

　設立の無効を主張するには，設立無効の訴えを起こす必要があります。訴えを起こせるのは設立する株式会社の株主等です(828条2項1号)。会社成立の日から2年以内に訴えを起こさなければなりません。

　設立無効の判決には，遡及効はありません。つまり，会社が初めから成立しなかったことになるのではなく，判決が出た後，会社が解散した場合のように清算の手続きに移るのです。会社成立後から設立無効の判決が出るまでに起こった法律関係には，影響を及ぼさないのです。

●7● 会社の不成立

　設立無効は，設立登記によっていったん成立した会社の場合です。これに対し，会社の不成立は，設立登記がなされる前に会社が法律上も事実上も存在するに至らなかった場合（払い込み期日までに払い込みのない株式があった場合など）です。

　会社が不成立の場合には，発起人が全責任を負って処理することになります。

キオークコーナー **2** 時間目

[用語チェック]

①定款
②社員
③取締役

□ 会社も組織の一つです。組織にはルール・メンバー・お金・機関の４つが必要です。会社では，ルールは〔①〕，メンバーは〔②〕，お金は資金の出資，機関は〔③〕などです。

④４分の１

□ 株式会社の設立の際には，原則として，その会社の株式総数の〔④〕以上を発行しなければなりません（非公開会社を除く）。

⑤募集設立

⑥総数

⑦株主の募集

□ 株式会社の設立には，発起設立と〔⑤〕とがあります。発起設立では，発起人が設立の際に株式の〔⑥〕を引き受けます。募集設立では，発起人が設立の際に株式の一部を引き受け，残りの株式について〔⑦〕を行います。

⑧定款
⑨公証人
⑩認証

□〔⑧〕は会社の根本ルールです。〔⑧〕は，〔⑨〕の〔⑩〕を受けなければ，その効力を生じません。

⑪絶対的記載事項

⑫相対的記載事項

□〔⑧〕の内容には３種類あります。〔⑪〕は，必ず規定しなければならないことがらです。〔⑫〕は，定めなくても〔⑧〕が無効になることはありませんが，定めないとそのことがらの効力が認められません。

⑬任意的記載事項
⑭変態設立事項

〔⑬〕はそれ以外の自由な記載事項です。

□ 定款の相対的記載事項として，〔⑭〕があります。

❷ キオークコーナー ▶ 37

- 発起設立では，各発起人は，払い込み期日までに自分が引き受けた株式の発行価額の全額を払い込まなければなりません。〔⑮〕の場合はその全部を給付しなければなりません。発起人は〔⑯〕と，会社設計に応じて〔⑰〕を選任します。

- 株式会社の設立が無効となる原因としては，たとえば定款に〔⑱〕の記載や公証人の〔⑲〕がないとか，あるいは〔⑳〕の招集がないことなどがあげられます。

- 会社の設立無効を主張するには，〔㉑〕を設立から〔㉒〕年以内に起こさなければなりません。

- 設立無効の判決には，〔㉓〕がありません。

- つまり、判決が出た後、会社が〔㉔〕した場合のように〔㉕〕の手続きに移るのです。

⑮現物出資
⑯取締役
⑰監査役，会計参与，会計監査人
⑱絶対的記載事項
⑲認証
⑳創立総会
㉑設立無効の訴え
㉒2
㉓遡及効
㉔解散
㉕清算

3時間目
会社法その3
株式

▶ここで学ぶこと

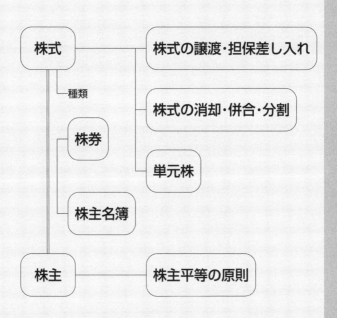

❶▶株式とは

●1●
株式と株主

　株式は，株式会社の社員としての地位です。株式会社では，社員の地位は細分化された割合的単位の形をとります。株式の所有者である社員は，株主といわれます。

株式のことを「株」と言ったりします

　株主の地位は，一般の社団の構成員の地位と同じです。ただ，細分化された割合的単位の形をとるのです。

　このように，社員の地位を細分化した割合的地位にしたのは，多くの人が株式会社に参加できるようにするための法的な技術です。　*22ページを読み直してみましょう。*

　株式は社員としての地位ですから，普通の債権とは違います。社員としての地位にもとづくさまざまな権利のうち，その1つだけを個別に処分することはできないと考えられます。

　なお，一般に，会社の従業員をまとめて「社員」と呼んでいますが，会社法上の株式会社の社員は株主です。

308条：各株主は1株につき1個の議決権を有する。ただし，1単元の株式数を定めたときは，1単元の株式につき1個の議決権を有する。

❖額面株式制度の廃止

　平成13年に商法の改正が行われるまでは，株式には額面株式と無額面株式とがありました。

　額面株式というのは，額面のある株式，つまり定款に1株の金額の定めがあって，それが株券に表示されている株式です。無額面株式は，額面のない株式，つまり株券に金額の表示がなく，株式数だけが書いてある株式です。

　額面株式の制度は，額面未満の発行額で株式を発行することの禁止や，資本の額は券面額×発行済み株式総数以上でなければならないことなどが定められていた平成13年改正前の商法においてはその存在意義がありましたが，改正でこれらの規定とともに，「額面株式」「無額面株式」の言葉も商法から削除されました。

　現在では，株式はすべて額面のない株式になります。

平成13年改正前の商法166条（趣旨）：①株式会社の定款には次の事項を記載して，各発起人が署名しなければならない。
4．額面株式を発行するときは1株の金額
6．会社の設立にあたって発行する株式は全部で何株か，額面株式か無額面株式か，額面株式を何株発行して，無額面株式を何株発行するか
②会社の設立にあたって発行する額面株式の1株の金額を，5万円未満にすることはできない。
平成13年改正前の商法202条（趣旨）：①額面株式の金額は，均一でなければならない。
②額面株式の発行価額は，券面額未満であってはならない。
平成13年改正前の商法225条（趣旨）：株券には次の事項と株券番号・発行年月日・株式の数・株主の氏名を記載して，取締役が署名しなければならない。
4．額面株式であるときは1株の金額
平成13年改正前の商法213条（趣旨）：①会社は取締役会の決議によって，発行した額面株式を無額面株式に転換したり，無額面株式を額面株式にしたりすることができる。

❸株式 ▶ 41

❷▶株主と株式

●1●
株主の権利

株主の権利は，自益権と共益権に分けることができます。

自益権は，会社から直接，経済的利益を受ける権利です。

自益権には次のようなものがあります。

株主の自益権
①剰余金配当請求権 (105条)
②残余財産分配請求権 (105条)
③名義書換請求権 (133条)
④株主割当 (202条)
⑤株式買取請求権 (116条)

共益権は，株主が会社の運営に参加する権利です。権利行使の効果が，権利行使をした株主以外の株主にも及ぶので共益権と呼ばれているのです。共益権は，株主が会社を監督する機能を果たしています。ここがひたすら自分の権利にすぎない自益権との相違点です。

....
105条〔株主の権利〕①株主は，その有する株式につき次に掲げる権利その他この法律の規定により認められた権利を有する。
1．剰余金の配当を受ける権利　2．残余財産の分配を受ける権利　3．株主総会における議決権

共益権には次のようなものがあります。

株主の共益権
①株主総会における議決権 (295条)
②株主総会決議の取消の訴えを起こす権利 (831条)
③取締役などの違法行為差止請求権
④代表訴訟を起こす権利

●2● 株主平等の原則
①内容の平等
②取り扱いの平等

株主は，株主の資格にもとづく法律関係においては，株式の数に応じて平等に取り扱われます。この原則を株主平等の原則といいます (109条)。例外は「少数株主権」(63ページ)

ただ，定款によって特別な内容の株式を定めることができます。優先株・劣後株・議決権制限株式などです。

また，各株主が承認した場合には，その株主が不利益な待遇を受けることも許されます。

●3● 株式の種類

株主は平等です。ですから，株式の権利の内容は，同じでなければなりません。しかし上で述べたように，定款で定めれば権利の内容の異なる株式を発行することができます。

このようなものを認めたのは，株式を購入して株主になろうとする人たちにはさまざまな動機が存在するからです。

ひたすら値上がりを待って買った株を売ろうとする人，配当を重視する人，株主として株主総会に出席し議決権を行使しよ

うとする人，などさまざまな株主の要求があります。

一般に株主は，以上のような権利をすべて所有しています。しかし，株主総会に出席して議決に加わることに興味のない人もいます。そこで，それぞれの株主の要求に従って種類の違った株式が発行されるようになりました。

いろいろな種類の株式の例
①普通株・優先株・劣後株（後配株）
②譲渡制限株式
③取得請求権付株式・取得条項付株式
④議決権制限株式
⑤選解任種類株式

❖**普通株・優先株・劣後株**

剰余金の配当・残余財産の分配について，他の株式より優先的な地位がある株式を優先株といいます（特定の子会社や部門の業績に連動して優先配当金額が決まるという内容のトラッキング・ストックもこれに含まれます）。劣後的地位がある株式を劣後株または後配株といいます。標準的な地位がある株式を普通株といいます。

業績不振の会社は，新株を優先株にすれば株主を募集しやすくなります。業績の良い会社は，劣後株を発行すれば既存の株主の利益を害せずに，株主を募集することができます。

❖**譲渡制限株式**

会社は，定款で定めれば，すべての株式または一部の株式を，

会社の承認がないと譲渡できない株式にすることができます (108条1項4号)。すべての株式を譲渡制限株式にしている会社を「公開会社でない会社 (非公開会社)」といいます。逆に, 譲渡制限のない株式が存在する会社を「公開会社」といいます。

❖取得請求権付株式・取得条項付株式

取得請求権付株式とは, 株主が会社にその株式を買い取ってくれるよう請求できる株式です (108条1項5号)。また取得条項付株式とは, 一定の条件が生じたら, 会社の方がその株式を取得できるということを定めた株式です (108条1項6号)。

❖議決権制限株式(108条1項3号)

会社は, 定款の規定で, ある種の株式について議決権がないということを定めることができます。株主総会に出席して議決に加わることを望まない株主の傾向に応えたものです。結果として, 会社は株主に対する総会の招集通知などの費用・労力を節約することができます。

会社法では, 議決権制限株式は原則として発行済み株式総数の2分の1以下でなければならないとしています(115条, ただし公開会社でない会社ではこの規制はありません)。

❖選解任種類株式(108条1項9号)

定款で株式譲渡を制限している会社では, その種類の株主の総会(ほかの種類の株主との共同開催も可)での取締役・監査役の選任について, 内容の異なる数種の株式を発行することができます。取締役または監査役を選任できないと定める選解任種類株式の総数は, 議決権制限株式と同様に制限されています。

●4● 株主の義務

株主は，株式の引受価格を限度とする出資義務を負います。それ以外の義務はありません (104条)。

これこそが，株主有限責任の原則です。

●5● 株券

株券は，株主の地位である株式を具体的な形として表現している有価証券です。以前は，株式については原則として株券を発行することになっていました。しかし，会社にとっては費用がかかり株主にとっても盗まれたりするリスクがあるため，実際には多くの会社が株券を発行していませんでした。

そこで，現在では定款に株式発行の定めがない限り，原則として株券は発行されないこととなっています (214条)。株券を発行する会社では，株券は以下のような扱いになります。

❖株式の譲渡方法＝株券の引き渡し

株式を譲り渡すためには，株券を譲り受け人に交付することが必要です (128条)。そして，新しく株主となった人が権利を行使するためには，株券を示して，株主名簿の名義を書き換えてもらうことが必要です (130条)。

❖株券の不所持制度

株主は，株券がなくても，株主名簿に名義が記載されていれば株主の権利を行使することができます。それが**株券不所持制度**です (217条)。この制度は，申し出をした個々の株主について株券を発行しない制度です。すでに発行された株券は回収します。株主は，株券が欲しくなれば，いつでも会社に請求して

株券を発行してもらったり、返還してもらったりすることができます。

❖株券をなくした場合

株券をなくしてしまった株主は、会社に株券喪失登録を申請できます(223条)。

株券喪失登録がされて後、その登録に対して異議や抹消の申請がなされないまま1年が経つと、その株券は無効になります。その上で、株券喪失登録者は、会社に株券の再発行を請求することができます(228条)。

●6●
株主名簿

株主名簿は、株主と株券に関する事項を明確に記載・記録して、会社に備えておくためのものです (121条)。

商業帳簿ではありません。

株主名簿には、次のような事項を記載・記録します。

株主名簿の記載・記録事項
①株主の氏名と住所
②各株主が所有する株式の種類と数
③各株式の取得年月日
④株券を発行したときはその番号

株主の権利を行使できる者は，会社の定める基準日における株主名簿上の株主です。一方，会社の判断によって，基準日後に株主となった者のうち，議決権を行使できる株主を定めることもできます。

株主名簿の閉鎖の制度は廃止されています

●7● 株式の譲渡

株式の譲渡は，株主の地位を移転することです。譲渡契約成立時点で効力が発生します。株式譲渡の第三者への対抗要件は，株主名簿の名義書き換えの有無になります (130条)。民法の物権変動と同じですね。

株券発行会社では，株券の交付によって効力を生じます。第三者への対抗要件は株券の占有になります (131条)。こちらは即時取得に似ていますね。

善意取得——民法と会社法の比較
①民法192条(動産一般)
　所持人の平穏・公然・善意・無過失で善意取得
②会社法131条2項(株券)　*取得者の保護が厚い*
　所持人が善意で重過失がなければ善意取得

❖**株式譲渡の自由とその制限**　*「株式譲渡自由の原則」*

株式は，原則として自由に譲渡することができます (127条)。これは，株式会社システムの本質的なものです。

ある会社の株を1000株1000万円で買った私は，その1000万円を回収する方法として，株を売る他に方法がないのです。配当をもらって，しかも値上がり後に売れば私はもうかります。

たとえ，ろくに配当をもらわないうちに値下がりしたとしても，その株を現金化して回収しようとすれば，株式を売るしか方法がありません。

　もっとも，下図のように株式の自由譲渡を制限する場合もあります。

株式譲渡の制限
①法律による制限━━時期による制限━権利株の譲渡制限
　　　　　　　　　　　　　　　　　　　　　株券発行前の譲渡制限
②定款による制限　　子会社による親会社株式取得の制限

❖時期による制限──法律による制限⑴

⑴権利株の譲渡制限──権利株とは，会社が成立する前，または新株発行の効力が発生する前における株式引受人の権利・地位のことです。その譲渡は当事者間では有効ですが，会社に対抗することはできません（50条2項）。投機的取引を防ぐためです。

⑵株券発行前の譲渡制限──株券の発行前は，名義書き換えの体制が整っていません。ですから，株式を譲渡しても当事者間では有効ですが，会社との関係では原則として無効です（128条2項）。

127条〔株式の譲渡〕株主は，その有する株式を譲渡することができる。

❸株式 ▶ 49

❖子会社による親会社株式取得の制限──法律による制限⑵

　原則として，子会社（親会社からの一定の支配権が及ぶと見られる法人）は親会社の株式を取得できません。例外的に許される場合としては，株式交換，株式移転，会社の合併や分割，他の会社の事業を譲り受けるとき，会社の権利の実行に当たって，その目的を達するために必要なとき，子会社が行う組織再編行為に際して親会社株式の割り当てをするために取得するとき，などがあります（135条，800条）。

❖定款による制限

　大きな株式会社では，株主ひとりひとりの個性はあまり問題になりません。しかし，小さく同族的な株式会社の場合には，好ましくない者が株主になっては困る場合もあります。

　このようなときには，定款で，株式の譲渡について会社の承認を要すると定めることができます（107条2項1号）。

　かつては，株式の譲渡を制限する制度を採用するとすべての株式がその対象となり，一部の種類の株式だけに譲渡制限をかけることはできませんでしたが，新しい会社法では，一部の種類の株式だけを譲渡制限株式とすることもできるようになりました（108条1項）。

❖自己株式に関する改正

　H13年改正前商法は，会社が自己株式（自社の株式）を取得することは禁止していました。自社が発行した株式を買うと，

156条〔株式の取得に関する事項の決定〕①株式会社が株主との合意により当該株式会社の株式を有償で取得するには，あらかじめ，株主総会の決議によって，次に掲げる事項を定めなければならない。（…後略…）

50

その分お金が社外に流出して資本充実の原則に反するなどの弊害が生じるから，ということなどがその理由とされ，例外的に一定の目的の場合にだけ自己株式の取得が認められていました。

しかし現在では，取得のための手続き・方法・財源について定められた条件をクリアすれば，会社は自社の株式を取得することができるようになっています（156条）。このことを一般に「金庫株の解禁」といいます。

●8●
株式の担保差し入れ

株式を担保として差し入れ（質入れ）するために，会社法では略式質（株券発行会社だけ）と登録質の２つの制度があります。また慣習法として，譲渡担保の方法があります。

略式質（146条）は，株券を発行する会社において，株券の交付のみで質権設定の効力が生じるものです。質入裏書の必要はありません。この場合の第三者への対抗要件は，株券を継続して占有することです（147条2項）。

登録質（154条）は，債務者である株主の承諾を得て，質権者が株主名簿（株券発行会社では株券にも）に自分の名前（名称）・住所を記載・記録します。そうすると，登録質権者は利益や利息の支払いについて，直接会社から物上代位的給付を受けることができます。

146条〔株式の質入れ〕①株主は，その有する株式に質権を設定することができる。
②株券発行会社の株式の質入れは，当該株式に係る株券を交付しなければ，その効力を生じない。

●9● 株式の消却

株式の消却は、会社の存続中に特定の株式を消滅させることです (178条)。以前は、株主に配当すべき利益を持って消却する場合、資本減少の場合、会社がもっている自己株式を消却する場合がありました。新しい会社法では、これらが「自己株式の消却」という場合だけに統一され、自己株式以外の株式を消却するときは、先に自己株式として取得した上で消却することになりました。

●10● 株式の併合

株式の併合とは、数個の株式を合わせて、もとの数より少数の株式にすることです。前述の株式の消却と、この株式の併合が、発行済み株式総数が減少する場合です。

株式併合の手続きは、次の順番で行われます (180条・181条・219条)。

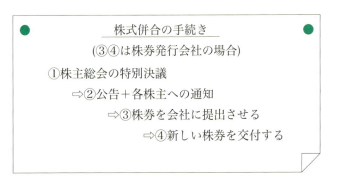

株式併合の手続き
(③④は株券発行会社の場合)
①株主総会の特別決議
⇨②公告＋各株主への通知
⇨③株券を会社に提出させる
⇨④新しい株券を交付する

180条〔株式の併合〕①株式会社は、株式の併合をすることができる。②株式会社は、株式の併合をしようとするときは、その都度、株主総会の決議によって、次に掲げる事項を定めなければならない。(…後略…)

●11●
株式の分割

株式の分割とは，たとえば1株だった株式を2株にするというように，株式を細かく分けることです（183条）。

株式分割は新株を無償で発行し，各株主に持ち株数に応じて配分します。株式分割では，会社の資産は変化しません。発行済み株式総数が増加するだけです。

手続きは株主総会（取締役会がある会社では取締役会）の決議によります。

●12●
株式無償割当て

株式無償割当てとは，株主に対して新たに払込みをさせないで新株を割り当てることです（185条）。株式分割とちがって，異なる種類の株式を割り当てることもできますし，自己株式を保有している場合は自己株式を交付することができます。

手続きは株主総会（取締役会がある会社では取締役会）の決議によります。

●13●
特別支配株主の株式等売渡請求

議決権の10分の9以上を保有する株主のことを「特別支配株主」といいます。特別支配株主は，他の株主の少数株式を強制的に買い取ることができます（179条）。企業買収の場合などに，残存する少数の株主を閉め出して迅速に完全子会社化を

183条〔株式の分割〕①株式会社は，株式の分割をすることができる。
②株式会社は，株式の分割をしようとするときは，その都度，株主総会（取締役会設置会社にあっては，取締役会）の決議によって，次に掲げる事項を定めなければならない。（…後略…）

実現する手段として利用されます。

●14●
単元株制度

　単元株制度とは，株式の一定数をまとめたものを1単元として，株主の議決権を1単元につき1個とする制度です（188条，308条）。会社は定款で定めれば，この制度を採用することができます。

　株主は，1単元につき1個の議決権をもつので，単元未満の株式しかもっていない株主には議決権はありません。しかし，自益権は認められます。

　従来は株式の1株に満たない端数を「端株」として扱う制度がありましたが，一定の規模に満たない出資について会社の管理コストを削減するための制度という点で，単元株制度と共通していました。新しい会社法では，この端株の制度を廃止し単元株制度に一本化したことによって，剰余金配当請求権など自益権の一部を定款で制限することもできるようになりました（189条2項）。

　なお，従来あった「単位株制度」は，平成13年の商法改正で廃止されています。

188条〔単元株式数〕①株式会社は，その発行する株式について，一定の数の株式をもって株主が株主総会又は種類株主総会において1個の議決権を行使することができる1単元の株式とする旨を定款で定めることができる。

キオークコーナー**3**時間目

[用語チェック]

①株式会社　　　　　□　株式は，〔①〕の社員としての地位です。〔①〕では，社員の地位は細分化された

②割合的単位　　　　〔②〕の形をとります。

③④自益権，共益権　□　株主の権利は，〔③〕と〔④〕に分けることができます。

　　　　　　　　　　□　株主が株式の数に応じて平等の取り扱い

⑤株主平等の原則　　を受けることを〔⑤〕といいます。

　　　　　　　　　　□　会社が数種の株式を発行するには，各種

⑥発行予定株式数　　の株式の内容と〔⑥〕を定款で定めなければなりません。

　　　　　　　　　　□　利益の配当・利息の配当・残用財産の分配について，他の株式よりも優先的な地位

⑦優先株　　　　　　がある株式を〔⑦〕といいます。また劣後

⑧劣後株（後配株）　的地位がある株式を〔⑧〕といいます。

⑨取得請求権付株式　□　〔⑨〕とは株主が会社にその株式を買いとってくれるよう請求できる株式のことです。

　　　　　　　　　　□　定款の規定で議決権がないと決められた株式や一部の議決権だけを認められた株式

⑩議決権制限株式　　を，〔⑩〕といいます。

⑪株券　　　　　　　□　〔⑪〕は，株主の地位である株式を表現

⑫有価証券　　　　　する〔⑫〕です。

⑬株主名簿　　　　　□　〔⑬〕は，株主と株券に関する事項を明確に記載・記録して，会社に備えておくためのものです。

❸キオークコーナー ▶ 55

□ 株式の〔⑭〕とは，株主の地位を移転することです。株式の〔⑭〕の自由の制限は，〔⑮〕による制限と〔⑯〕による制限に分類できます。

⑭譲渡

⑮⑯法律，定款

□ 株式の担保差し入れについて，会社法では〔⑰〕と〔⑱〕の2つがあります。

⑰⑱略式質，登録質

□ 〔⑲〕とは，数個の株式をあわせて，もとの数より少数の株式にすることです。

⑲株式の併合

□ 〔⑳〕とは，1株を2株にというように，株式を細分化することです。

⑳株式の分割

□ 〔㉑〕とは，株主に対して新たに払込みをさせないで新株を割り当てることです。

㉑株式無償割当て

□ 議決権の10分の9以上を保有する〔㉒〕は，他の株主の少数株式を強制的に買い取ることが認められています。

㉒特別支配株主

□ 〔㉓〕制度とは，株式の一定数をまとめたものを1単元とし，〔㉓〕には本来株式に認められるすべての権利を与え，単元未満の株式には〔㉔〕以外の権利を与える制度です。

㉓単元株

㉔議決権

□ 新しい会社法では、〔㉕〕の制度を廃止し〔㉖〕に一本化したことによって、余剰金配当請求権などの自益権の一部を定款で制限できるようになりました。

㉕端株

㉖単元株制度

4時間目
会社法その4
株式会社の機関

▶ここで学ぶこと

・権限・招集
・少数株主の権利
・議決権・議事
・決議の瑕疵(キズ)

株主総会

監査役(会)

取締役(会)

・意義/必要性
・人数/資格/任期
・権限

・取締役会/取締役/
　代表取締役
・権限・義務
・株主代表訴訟と
　取締役
・執行役

監査等委員会

指名委員会等

会計監査人

会計参与

検査役

❶▶ 会社の機関とは

　会社は法人です。法人には，意思を決定したり，それを実行したり，会社を代表したりするための機関が必要です。

　会社にはどんな機関があるか，説明の前に並べてみましょう。

株式会社の機関

①**株主総会**　　基本的な事項からその他株式会社に関する一切の事柄について意思決定権をもつ

②**取締役(会)**　　業務の執行とそれに関する意思決定権をもつ

③**代表取締役・執行役**　　執行・代表の機関

④**監査役(会)**　　業務監督権と会計監督権をもつ

⑤**監査等委員会**　取締役の人事にも関わる監督権をもつ

⑥**指名委員会等**　　取締役の指名，職務執行の監督，報酬の決定権をもつ

⑦**会計監査人**　　会計監査権をもつ

⑧**会計参与**　　取締役とともに計算書類の作成，株主への報告義務を負う

　株主は会社の社員という地位にありますが，機関とは呼びません。支配人なども会社の従業員であって機関ではありません。

　機関の設置（機関設計）には，いくつかの条件があります。まず，①**すべての株式会社で，株主総会と取締役の設置が義務づけられています。**

株主総会では，会社法や定款に定めた事項に限らず，いかなる事項についても決議することができます（295条1項）。会社本来の所有者として，取締役の行う業務執行に対して広く監督する役割があります。

　「会社法」ができて有限会社が廃止され，株式会社に一本化された結果，多くを占めることになる「有限会社型株式会社」にふさわしい機関設計として，株主総会と取締役の設置が規定されました。以前は，株主総会，取締役(会)，監査役(会)の三者が相互にチェックしあうのが原則でした。近代社会における三権分立の思想にもとづくものです。しかし，現実には，株式会社のほとんどが非公開会社＝株式譲渡制限会社であり，そもそも非公開会社のための法として有限会社法があったのです。

　そこで，会社法では，現実に合わせて有限会社法のしくみが原則として取り入れられました。その他の機関については①の原則のもと，一定の条件つきで任意に設置できるものとされ，柔軟な制度になりました（326条1項）。

　さらに，機関設計の条件を見ていきましょう。

　②株式譲渡制限会社は，取締役会の設置は任意。株式譲渡制限のない会社は，取締役会を設置しなければならない。

　③取締役会を設置した場合には，監査役(会)，監査等委員会，会計参与（大会社以外の株式譲渡制限会社である場合に限る），指名委員会等のいずれかを設置しなければならない。

　④監査役(会)と監査等委員会と指名委員会等は，同時に設置することはできない。

　⑤取締役会を置かない場合には，監査役会や監査等委員会，指名委員会等を置くことができない。

		株主総会	取締役	取締役会	監査役	監査役会	監査等委員会	三委員会等	会計監査人	会計参与
株式譲渡制限会社（中小会社）	①	○	○							△
	②	○	○		○					△
	③	○	○		○				○	△
	④	○	○	○						○
	⑤	○	○	○	○					△
	⑥	○	○	○		○				△
	⑦	○	○	○	○				○	△
	⑧	○	○	○		○			○	△
	⑨	○	○	○			○		○	△
	⑩	○	○	○				○	○	△
株式譲渡制限会社（大会社）	①	○	○		○				○	△
	②	○	○	○	○				○	△
	③	○	○	○		○			○	△
	④	○	○	○			○		○	△
	⑤	○	○	○				○	○	△
株式譲渡制限会社以外の中小会社	①	○	○	○	○					△
	②	○	○	○		○				△
	③	○	○	○	○				○	△
	④	○	○	○		○			○	△
	⑤	○	○	○			○		○	△
	⑥	○	○	○				○	○	△
株式譲渡制限会社以外の大会社	①	○	○	○		○			○	△
	②	○	○	○			○		○	△
	③	○	○	○				○	○	△

※△はおいてもおかなくても可

⑥大会社は会計監査人を設置しなければならない。会計監査人を設置するためには，監査役(会)，監査等委員会または指名委員会等のどちらかを設置することが前提。

⑦会計監査人をおかない場合には，監査等委員会，指名委員会等を設置できない。

⑧会計参与はすべての株式会社について任意で設置できる。

監査役(会)，監査等委員会，会計参与，会計監査人らは，取締役(会)の監督をする機関になります。株主の力不足を補い，株主を保護する立場にあります。

①〜⑧の条件を満たす機関設計パターンを，黒板にまとめておきましたので参照してください。

それでは，各機関について詳しく見ていきましょう。

❷▶株主総会

株主総会は，株主の総意によって会社の意思を決定する，株式会社の機関です。法律で定められた，必ず置かれる機関です。

●1●
株主総会の権限

株主総会は，会社法・定款に定めた事項に限らず，どんな事項についても決議することができます（295条1項）。ただし，取締役会設置会社の場合は，法定事項と定款で定める事項に関する意思決定権しかありません。また株主総会は，現実の執行行為はできません。現実の執行は取締役（会）などの役目です。

●2●
株主総会の招集

株主総会は，常に設置されている機関ではありません。定時または臨時に 招 集 される総会です。国会と同じですね。

株主総会は，決算期ごとに定時に開催しなければなりません。これを定時総会といいます。また必要があるときにはいつでも開催できます。これを臨時総会といいます（296条）。

株主総会は，取締役が開催の日時・場所を決めて招集（取締役会設置会社では代表取締役，指名委員会等設置会社では代表執行役が招集）するのが原則です。招集通知は総会の日より2週間前に発しなければなりません。株式譲渡制限会社では，1週間前（定款で短縮可）までに発すれば足ります（299条1項）。

なお株主全員の同意があるときは，招集の手続きを省略できます（300条）。

❖少数株主の権利

　少数株主権とは，ひとりひとりの株主（単独株主）ではなく，総株主の議決権の一定割合以上または一定の数以上の議決権を持っている株主に対して認められる権利のことです。

権利によって条件が異なります。

　少数株主は，株主総会の開催を請求することができます。まず取締役に招集を請求し，拒否された場合には裁判所の許可を得て自分で招集することができます（297条）。また，会計帳簿・資料の閲覧権，取締役・監査役の解任請求権，総会検査役選任請求権などをもちます。

　取締役会設置会社では，会社が招集する株主総会において，ある事項をその総会の議題に追加するよう請求する権利（議題追加権，303条）と，総会の議題に関して提出する議案の要領を，株主に通知するよう請求する権利（議案要領の通知請求権，305条）も，少数株主権です。

少数株主の権利(株主総会関係)
①総会招集権など
②株主提案権の一部 (取締役会設置会社の場合)

*株主平等の原則
の例外です*

297条〔株主による招集の請求〕①総株主の議決権の100分の3（これを下回る割合を定款で定めた場合にあっては，その割合）以上の議決権を6箇月（これを下回る期間を定款で定めた場合にあっては，その期間）前から引き続き有する株主は，取締役に対し，株主総会の目的である事項（当該株主が議決権を行使することができる事項に限る。）及び招集の理由を示して，株主総会の招集を請求することができる。

● 3 ●
株主総会の議決権

議決権は原則，1株について1つです。 ※手書き: 1株1議決の原則

　当然ですが，株主の人数の多数決で決めるわけではありません。たとえ1人でも多くの株を持っている株主は，それだけたくさんの出資をした者であり，株式数に応じた影響力を行使できるわけです。なお，例外として議決権制限株式や，自己株式（議決権がない，308条2項）があります。

　また，議決権の行使に関する贈収賄と利益供与は処罰されます（968条・970条）。※手書き: いわゆる総会屋対策です

❖議決権の不統一行使

　私がある株式会社に関して，3つの議決権を持っているとしましょう。株主総会での議案について，3つの議決権すべてを賛成または反対に投じてもいいのですが，たとえばそのうち2つを賛成にまわし，残りの1つを反対にまわすこともできます（313条）。これを議決権の不統一行使といいます。

　株主が株式の信託を受けている場合のように，他人のために

303条〔株主提案権〕①株主は，取締役に対し，一定の事項（当該株主が議決権を行使することができる事項に限る。次項において同じ。）を株主総会の目的とすることを請求することができる。

②前項の規定にかかわらず，取締役会設置会社においては，総株主の議決権の100分の1（これを下回る割合を定款で定めた場合にあっては，その割合）以上の議決権又は300個（これを下回る数を定款で定めた場合にあっては，その個数）以上の議決権を6箇月（これを下回る期間を定款で定めた場合にあっては，その期間）前から引き続き有する株主に限り，取締役に対し，一定の事項を株主総会の目的とすることを請求することができる。この場合において，その請求は，株主総会の日の8週間（これを下回る期間を定款で定めた場合にあっては，その期間）前までにしなければならない。

株式を持っている場合には，それぞれの他人の意向を反映した形で議決権を行使する必要があるので，こうしたやり方が認められているのです。

株主は，代理人によって議決権を行使することができます。

また書面投票制等が採用されていれば，書面や電磁的方法で議決権を行使することもできます（298条1項3号，4号）。

●4●
株主総会の議事

株主総会において，株主総会の議長は，総会の秩序を維持し議事を整理します。

取締役，執行役，会計参与，監査役は，株主総会で，議題・議案・株主の質問に関して説明する義務があります。

決議方法は多数決で，次のような種類があります。

普通決議と呼ばれるものは，議決権を行使できる株主の議決権の過半数を所有する株主が出席している必要があります。これが定足数です。そして，出席した株主の議決権の過半数によって議決が決まります（309条1項）。

特別決議と呼ばれるものは，定足数は普通決議と同じ（ただし定款で議決権総数の3分の1まで緩和できます）ですが，議決は，出席株主の議決権の3分の2以上（定款でこれを上回る割合にもできます）で決します（309条2項）。

定款の変更などの場合

また**特殊な決議**としては，議決権を行使できる株主の半数以上で当該株主の議決権の3分の2以上の賛成を要する場合（309条3項），総株主の半数以上で総株主の議決権の4分の3以上の賛成が必要となる場合（309条4項）があります。これらの特殊な決議では，定足数・議決要件ともに，より厳しい条件を定款で定めることができます。

❹ 株式会社の機関 ▶ 65

少数株主と会社は，総会招集の手続きと決議の方法を調査させるために，総会前に検査役の選任を裁判所に請求することができます (306条)。

❖書面等によるみなし株主総会決議

書面投票制等を採用している会社で，ある議案について議決権を行使できる株主の全員が，書面や電磁的方法によってその議案に同意した場合には，株主総会を実際に開催しなくても，総会決議が成立したものとみなされます (319条)。

❖株式買取請求権

株式会社の事業譲渡など，とくに重大な内容の決議が株主総会で行われた場合に，その決議に反対する株主は，会社に対して，自分の所有する株式を買い取ってくれるよう請求することができます (469条1項・2項)。

この場合の買取価格は株主と会社の協議で決めます。協議がうまくいかなければ裁判所に決めてもらうこともできます。

●5● 株主総会決議の瑕疵　瑕疵＝欠陥・キズのこと

株主総会の決議に手続き上・内容上問題がある場合，会社法上，2つの制度が用意されています。

1つは決議の取消の訴えです。

もう1つは，決議の不存在・無効確認の訴えです。

❖ **決議の取消の訴え（831条）**

　決議の取消の訴えは次の３つの場合に起こすことができます。決議があった日から３カ月以内に提起しなければなりません。提訴権者は株主・取締役・執行役・監査役・清算人です。

株主総会の決議の取消の訴え
①招集手続きや決議方法が法令・定款に違反している場合など
②決議の内容が定款に違反している場合
③特別利害関係人が議決権を行使したため不当な決議がなされた場合

　決議は取消判決の確定によって無効になります。

❖ **決議の不存在・無効確認の訴え（830条）**

　決議の不存在・無効確認の訴えは，次の場合に起こすことができます。

株主総会の決議の不存在・無効確認の訴え
①決議が実際には行われていない場合
②決議の内容が法令に違反する場合

　誰でも，いつでも，この訴えを提起することができます。
　決議そのものが不存在であるとか，決議の内容が法令に違反するとかいうことは，きわめて重大な問題だからです。

❸▶取締役会

おさらいしましょう。株式会社は，所有する者と経営する者が別々に分かれている企業でしたね。**所有と経営の分離**

所有者にあたるのが，いま勉強した株主・株主総会です。

そして経営者にあたるのが，これから説明する取締役(会)・代表取締役です(大会社の特例については77ページ参照)。

●1●
取締役・取締役会・代表取締役

取締役は，株式会社の業務を執行する者です。株主総会で選ばれます (329条1項)。株主総会は，いつでも取締役を解任することができます (339条)。普通決議で可能です。取締役会を設置しない会社においては，取締役は1人で足ります (326条)。2人以上いる場合は，各自，会社を代表します。代表取締役等を設定することもできます。代表取締役は，取締役から選ばれるので，当然，兼任になります。一方，取締役と監査役を兼任することはできません (335条2項)。株式譲渡制限会社では，取締役を株主の中から選任することもできます (331条2項)。

取締役の任期は，原則2年内です (332条)。株式譲渡制限会社では，定款で最長10年まで伸ばすことができます。指名委員会等設置会社では，1年とされています。

取締役会は，株式会社の業務執行についての意思を決定する機関です (362条)。取締役会を設置する会社では，取締役は3人以上必要で (331条5項)，代表取締役を必ず選定しなければなりません (362条3項)。

●2● 取締役の義務

取締役と株式会社の関係は委任関係です (330条)。ですから,「善良な管理者の注意」をもって仕事をしなければなりません。

委任については『はじめての債権各論』参照。

また,会社のために忠実に仕事をする義務があります (355条)。前者を善管注意義務,後者を忠実義務といいます。

この2つは同じ内容のものだと考えていいでしょう。

●3● 会社と取締役の利益が衝突する場合

場合によっては,会社にとっての損得と取締役にとっての損得とが衝突することがあります。

取締役が会社所有のマンションを譲り受ける場合など

こういうときに,取締役がその地位を利用して自分や第三者の利益を優先し,結果として会社に迷惑をかけるようなことがあってはなりません。商法は3パターンを想定しています。

会社と取締役の利益がぶつかるのは…
①競業取引き (356条1項1号) 会社のライバル
②取締役・会社間の取引き
③取締役の報酬の決定

330条〔株式会社と役員等との関係〕株式会社と役員及び会計監査人との関係は,委任に関する規定に従う。

❹株式会社の機関 ▶ 69

❖競業取引き（356条1項1号）

　会社の取締役が，その会社が行っている事業と同じような事業を別のところで行ったらどうなるでしょうか。きっとライバルとなって，会社に損害を与えるでしょうね。その取締役は，会社の取締役という地位を利用して，その事業に関する大事な情報を得たりしながら，不当な利益を獲得するでしょう。このようなことがあってはなりません。

　そこで，取締役が，自己または第三者のために会社の事業と同じような取引きを行う場合には，株主総会で重要な事実を開示し，承認をもらう必要があります。　**「競業避止義務」**

　もし取締役が株主総会の承認をもらわずに競業取引をしたら，取引そのものは有効ですが，会社はその取締役に損害賠償を請求することができます。

　その場合，会社の損害額は，イコール「取締役がその競業取引で得た利益」であると推定されます（423条2項）。

　会社は損害の立証をする必要がありません。

❖取締役・会社間の取引き（356条1項2号，3号）

　次に，取締役と会社の取引きの規制を考えてみましょう。

　取締役が会社所有の建物を購入するとします。取締役は自分の地位を利用して，市価の半額で買い取ってしまうかもしれま

356条〔競業及び利益相反取引の制限〕①取締役は，次に掲げる場合には，株主総会において，当該取引につき重要な事実を開示し，その承認を受けなければならない。
1．取締役が自己又は第三者のために株式会社の事業の部類に属する取引をしようとするとき。　2．取締役が自己又は第三者のために株式会社と取引をしようとするとき。3．株式会社が取締役の債務を保証することその他取締役以外の者との間において株式会社と当該取締役との利益が相反する取引をしようとするとき。

せん。それで，取締役と会社の取引きは，株主総会の承認を必要とするのです。

そして，承認の有無に関わらず，取引により損害が生じた場合，関与した取締役らは任務懈怠と推定され，損害賠償の問題になります (423条3項)。過失責任ですね。

ちなみに，取締役らの損害賠償責任は，総株主の同意があれば免責されます (424条)。また，総株主の同意は得られなくても，善意無重過失の場合には，総会決議で責任の一部免除ができます。

❖取締役の報酬（361条）

さらに，取締役の報酬を決めるには，定款に規定がないのであれば，株主総会の決議が必要です。取締役会が<u>自分たちの報酬を不当に多く決めてしまうこと</u>を防ぐためです。

— 俗にいう「お手盛り」

❖インサイダー取引き

最後に，インサイダー取引きについてふれます。

会社の取締役など会社の特別な情報を知ることができる者が，その知識を不当に利用して株式の売買をし，利益を得ることを防ぐために証券取引法で規制しています。

例：自社で巨額の損失が生じることを知った取締役がその公表前に自社株を売り抜けたりすること

●4●
株主代表訴訟と取締役

取締役の責任を会社がきちんと追及しない場合，株主は，もともと会社が取締役に対して持っている責任追及の権利を，会社に代わって行使できることになっています。それが**株主代表訴訟の制度**です。

❹株式会社の機関 ▶ 71

会社が取締役に対して損害賠償請求権などの債権を持っている場合に，株主は，取締役を相手どって訴えを起こすよう，会社に請求できます (847条1項)。請求は監査役に対して行います (386条2項1号)。この場合の株主は，6か月以上株式を所有している株主です (譲渡制限会社ではどの株主でも可)。

会社が，その請求後60日以内に訴えを起こさない場合は，株主自ら取締役を相手どって，取締役が会社に対して債務を履行するよう，訴えを起こすことができます (847条3項)。

訴えるのは株主でも，取締役が債務を履行する相手はあくまで会社なのです。

●5● 取締役会

取締役会を設置する会社では，その権限は大きく2つに分けられます (362条)。

①業務の執行を決定する　意思決定
②代表取締役や取締役の業務の執行を監督する　監督

取締役会において，ある決議について特別な利害関係を持っている取締役は，その決議に参加することができません (369条2項)。これは，株主総会においては，決議について特別な利害関係がある株主でもその決議で議決権を行使できることと対照的です。

また，株主総会では代理人や書面による議決権行使が認めら

れますが，取締役会の場合には認められていません。取締役は特別に重い責任と義務を負う少人数の人たちですから，会社の要となる取締役会には，自ら出席しなければならないのです。

ただし，すでに取締役会の決議の目的事項について各取締役が同意している場合には，持ち回りの書面決議，または電子メールによる決議をすることができる，と定款で定めることができます (370 条)。

❖特別取締役

取締役が 6 人以上で，うち 1 名以上が社外取締役である取締役設置会社では，あらかじめ 3 人以上の特別取締役を選んでおいて，その決議で重要な財産の処分・譲り受けや多額の借財の決定をすることができます (373 条)。

●6●
代表取締役

代表取締役は，業務を執行しつつ会社を代表します (大会社の例外については 77 ページ参照)。

会社内部の事務処理が業務執行であり，会社と外部との法律関係からみたものが代表行為です。

原則として代表権は制限できず，制限を加えたとしても善意の第三者に対抗できません (349 条 5 項)。

取締役であることは，代表取締役の前提条件です。代表取締役が取締役でなくなれば，当然，代表取締役の地位も失います。しかし，代表取締役の地位がなくなっても，取締役の地位は失いません。取締役会は取締役を解任できませんが，代表取締役を解職することはできます。

❖表見代表取締役・業務担当取締役

　表見代表取締役とは，代表取締役ではないのに社長・専務取締役などの肩書きを持ち，代表取締役と間違いやすい者のことです。その行為については，会社は善意の第三者に対して責任を負います(354条)。**外観法理**による取引きの安全の強化です。

　代表取締役以外の取締役に代表権のない業務執行権限のみを与える，業務担当取締役を置く会社もあります。また業務担当の経営幹部である執行役員を置く会社もあります。

349条〔株式会社の代表〕①取締役は，株式会社を代表する。ただし，他に代表取締役その他株式会社を代表する者を定めた場合は，この限りでない。
③株式会社（取締役会設置会社を除く。）は，定款，定款の定めに基づく取締役の互選又は株主総会の決議によって，取締役の中から代表取締役を定めることができる。
④代表取締役は，株式会社の業務に関する一切の裁判上又は裁判外の行為をする権限を有する。
⑤前項の権限に加えた制限は，善意の第三者に対抗することができない。

❹▶監査役

●1●
監査役とは

監査役は，取締役が適切に職務を執行しているかどうかを監督する機関です。

●2●
監査役の必要性

株主は，株主総会で取締役を選任・解任することができます。また，株主総会で決算を承認します。さらに，株主総会のところで説明した少数株主権などによって，取締役を監督することができます。株主がこれだけ監督権限を持っているのに，なぜさらに監査役まで置かなければならないのでしょうか。

株式をもっていても経営監督能力が十分だとはいいがたい株主が多かったり，また，経営に興味がない株主も多かったりすると，株主の取締役に対する監督はどうしても不十分になりがちです。そこで，監査役を選任して，取締役の職務執行をいつも監督させるようにしたのです。

●3●
監査役の人数・資格・任期

監査役の人数は，1人でも複数でもかまいません（監査役会設置会社では3人以上でそのうち半数以上は社外監査役であることが必要）。

仕事の性質上，その株式会社やその子会社の取締役・支配人・使用人などを兼任することはできません（335条2項）。

任期は原則として，就任後4年以内の最終の決算期についての定時株主総会が終わるときまでです（336条1項，株式譲渡制

限会社では10年まで延ばせます〈2項〉)。

●4● 監査役の権限

監査役は取締役の職務の執行を監督し、いつでも取締役・支配人・使用人に営業の報告を求めることができます。また、会社の業務・財産の状況を調査することができます（381条、株式譲渡制限会社では会計監査権に限定できる場合があります）。子会社に関しても、原則として同様の権限を持っています（381条3項）。

さらに、取締役は会社にいちじるしい損害を与えるような事実を発見したときには、監査役から要求されなくても、ただちに監査役にそれを報告しなければなりません（357条）。

監査役は、取締役会に出席して、必要に応じて意見を述べる義務を負わされています（383条）。

会社が取締役に対して訴えを起こす場合には、監査役が会社を代表します。逆に、取締役が会社に訴えを起こす場合にも、監査役が会社を代表します（386条）。このように、会社と取締役がぶつかるとき、監査役が会社を代表するのです。

会社と監査役との法律関係には委任の規定が適用されます。したがって、監査役は仕事をする場合、善管注意義務を負います。 *取締役と同じですね。*

●5● 会計監査人・監査等委員会設置会社・指名委員会等設置会社

❖会計監査人

資本金が5億円以上、あるいは負債の合計が200億円以上の会社を大会社といいます。大会社においては、会計監査人を置

かなければなりません (328 条)。

　会計監査人は外部の独立した存在です。また，公認会計士か監査法人でなければなりません。従来，監査役には，取締役（会）に近い関係者が就任することも多く，なれ合いが少なからずみられました。そのため，大企業について，監査役とは別に外部の独立した会計監査人を設置したのです。次に説明する指名委員会等設置会社と監査等委員会設置会社にも会計監査人の設置が強制されます。それ以外の会社では，任意に設置できるようになりました。

　会計監査人の職務は，計算書類や付属明細書の監査を行い，その結果を監査報告書に記載することです。また，会計監査人の会社に対する責任は，株主代表訴訟の対象となります。社外取締役と同様の扱いです。

❖指名委員会等設置会社

　株主総会＋取締役会＋3 つの委員会（指名委員会・監査委員会・報酬委員会）＋業務執行を担当する執行役，という構成で，アメリカ型のコーポレート・ガバナンス (corporate governance, 企業統治) を導入したしくみの会社です。従来大会社だけに認められていましたが，会社法では任意で指名委員会等を設置できるようになりました。指名委員会等設置会社では，監査役を置くことはできず，また取締役が使用人を兼務することはできません (331 条 4 項)。

　各委員会の委員は，取締役の中から，取締役会の決議で選ばれ，過半数は社外取締役でなければなりません (400 条)。指名委員会は，株主総会に提出する取締役の選任・解任議案の内容を決定します。監査委員会は，執行役等の職務執行の監査・監査報告の作成をします。報酬委員会は，執行役等が受ける個人

❹株式会社の機関 ▶ 77

別の報酬等の内容を決定します。

❖監査等委員会設置会社

　平成26年の改正で導入された制度です。監査役設置会社と指名委員会等設置会社の中間的な形態として創設されました。

　監査等委員会とは，3人以上の取締役からなり，かつ，その過半数を社外取締役とする機関で，取締役の職務執行の監査や，取締役の人事に関する意見陳述などを行います（331条6項，399条の2）。

　監査等委員会のメンバー（監査等委員）は，取締役会における議決権を有するため，監査役による監査に比べて監査機能が強化されます。

● 6 ●
会計参与

　会計参与とは，取締役や執行役と共同して計算書類などの作成を担当し，株主総会で，それらの書類について説明をする株式会社内部の機関です（374条）。会計参与は，公認会計士（監査法人を含む）または税理士（税理士法人を含む）です（333条）。会計参与が計算書類を作成することで，計算書類の適正への信頼がより高められます。

● 7 ●
検査役

　監査役と似た言葉に，検査役があります。

　検査役は，必要な場合に裁判所あるいは株主総会において選任される，臨時の機関です（306条・316条1項・358条など）。

　人数や資格に制限はありませんが，その職務の性質上，取締役・監査役・支配人・使用人が検査役になることはできません。

キ オ ー ク コ ー ナ ー **4** 時 間 目

[用語チェック]

①法人

②株主総会

③〜⑨取締役(会)，代表取締役・執行役，監査役(会)，指名委員会等，監査等委員会，会計監査人，会計参与

⑩取締役

⑪取締役会

⑫代表取締役または代表執行役

⑬あります

⑭議題追加権

⑮議案要領の通知請求権

⑯自己株式

⑰多数決

⑱定足数

⑲3分の2

□　会社は〔①〕です。会社の機関には〔②〕〔③〕〔④〕〔⑤〕〔⑥〕〔⑦〕〔⑧〕〔⑨〕などがあります。基本的な事柄に関する意思決定機関の〔②〕と，業務の執行とそれに関する意思決定を行う〔⑩〕が，すべての株式会社に設置される不可欠の機関です。

□　取締役会がある会社での株主総会の招集は，〔⑪〕が開催の日時・場所を決定して〔⑫〕が招集するのが原則です。招集通知には，会議の目的事項を記載・記録する必要が〔⑬〕。

□　取締役会設置会社では，少数株主は，第一に株式会社が招集する株主総会においてある事項を会議の目的とするよう請求する〔⑭〕，第二に提出する議案の内容を招集通知に記すよう請求する〔⑮〕をもっています。一方で，議決権制限株式や議決権のない自己株式などがあります。

□　〔⑯〕というのは，株式会社自身が保有する株式のことです。

□　決議方法は〔⑰〕です。普通決議と呼ばれるものは，議決権を行使できる株主の議決権の過半数を所有する株主が出席する必要があります。これを〔⑱〕といいます。特別決議と呼ばれるものは，〔⑱〕は普通決議と同じ（定款で一定の緩和可能）ですが，議決は出席株主の議決権の〔⑲〕以上

❹ キオークコーナー ▶ 79

で決します。

☐ 株主総会の決議に手続上・内容上の問題がある場合，会社法上，〔⑳〕と，〔㉑〕の制度が用意されています。

☐ 取締役は〔㉒〕以上は必要です。取締役は〔㉓〕で選出されます。

☐ 指名委員会等設置会社というのは、株主総会＋〔㉔〕＋3つの委員会という構成の会社です。3つの委員会というのは〔㉕〕と監査委員会と〔㉖〕です。アメリカの〔㉗〕を導入した株式会社です。

☐ 会計参与になれるのは〔㉘〕と〔㉙〕です。

⑳㉑決議の取消の訴え，決議の不存在・無効確認の訴え
㉒1人
㉓株主総会

㉔取締役会
㉕指名委員会
㉖報酬委員会
㉗コーポレートガバナンス
㉘公認会計士
㉙税理士

80

5時間目
会社法その5
企業会計

▶ここで学ぶこと

計算書類 ・貸借対照表／損益計算書
／株主資本等変動計算書
／個別注記表

資本金 ・資本金に関する原則

剰余金の分配 ・剰余金の分配の要件／中間
配当／違法配当
剰余金の分配の時期

株主の経理調査権

❶▶ 計算書類

●1●
はじめに

　株式会社は利益をあげることを目的として存在します。値上がりや配当金を目指して株式を買う株主がいます。

　取締役などの経営陣は，できるだけ利潤を上げようとします。その際，成績を良く見せたいと考え，<u>会社の経済的な状況を示す書類</u>の内容をごまかす可能性があります。　　**計算書類**

　また，株式会社には取引先がありますが，取引先は会社の債権者となる場合が多くなります。会社に債権を持つ人から見れば，会社の正確な財産状況を知りたいと考えますね。

　いずれにしても，株式会社の財産状況を透明にし，関係者に知らせる必要があります。

●2●
計算書類に関する手続き

　計算書類には，貸借対照表・損益計算書・株主資本等変動計算書・個別注記表があります。その他，事業報告書や附属明細書と呼ばれるものがあります (435条)。

　これらを監査役・会計監査人が監査し，取締役会が承認します (436条)。取締役会で承認された書類は，株主総会に提供・提出されます。取締役会が設置されていない会社でも，株主総会の承認は受けなければなりません (438条)。株主総会は，総会招集通知が発送されて1〜2週間で開催できます。以前は，監査役らの計算書類の監査を受けてから5〜8週間は株主総会を開くことができないという制約があったのですが，現在は廃止されています。

●3● 計算書類の種類

計算書類は、商業帳簿とは範囲が異なります。

商業帳簿は、商人が事業上の財産・損益の状況を明確にするため、商法上の義務として作成するもので、会計帳簿・貸借対照表のことです。

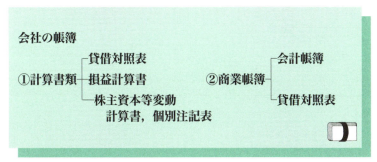

会社の帳簿
① 計算書類 ─ 貸借対照表
         ─ 損益計算書
         ─ 株主資本等変動計算書、個別注記表
② 商業帳簿 ─ 会計帳簿
         ─ 貸借対照表

❖貸借対照表   英語ではバランスシートと呼ばれています

貸借対照表は、左側に資産、右側に負債と純資産を記載・記録し、決算期の会社の財産状況を示すものです。プラスとマイナスを記載・記録し、決算期の会社の経営状況を示すものです。

❖損益計算書

損益計算書は、その事業年度に発生した利益と損失の発生原因を示し、その年度の事業業績を記すものです。

❖株主資本等変動計算書・個別注記表

株主資本等変動計算書というのは、貸借対照表の「純資産の部」の内容が、期中にどれほど変動したかを株主に知らせるためのものです。個別注記表は、貸借対照表と損益計算書の注記

事項をまとめたものです。ともに，会社法で導入されました。

❖事業報告書

事業報告書は，その年度の事業の状況を記すものです。

❖附属明細書

附属明細書は，計算書類と事業報告書を補充するものです。

●4●
貸借対照表

貸借対照表は，資産・負債・純資産の３部構成です。前に説明したように，左側に資産，右側に負債と資本を記載・記録します。

資産の部は，流動資産・固定資産・繰延資産の３つに分けます。負債の部は，流動負債・固定負債に分けます。

純資産の部は，株主資本，評価・換算差額等，新株予約権の３つに分けます。

❖流動資産

流動資産というのは，現金・預金・受取手形・売掛金・商品・製品・半製品・原材料・市場性のある一時所有の有価証券などです。中でも，商品・製品・半製品・原材料などは棚卸資産と呼ばれ，その取得価格または製作価格を記さなければなりません。固定資産に対応する言葉です。

❖固定資産

固定資産というのは，継続的に営業のために利用することを目的とした財産です。土地・建物・車両などの有形固定資産と，借地権・特許権などの無形固定資産があります。

❖繰延資産

　繰延資産は，開業準備費・試験研究費・開発費などです。
つまり，数年度に分けて償却すべき資産です。

英語ではbalance sheet（B/S）です

〔貸借対照表の例〕

貸　　借　　対　　照　　表					
資　産　の　部			**負　債　の　部**		
1.　流動資産	□□□		1.　流動負債	□□□	
2.　固定資産	□□□		2.　固定負債	□□□	
有形固定資産	□□□		負債合計	□□□	
無形固定資産	□□□		**純　資　産　の　部**		
投資その他の資産	□□□		1.　株主資本	□□□	
3.　繰延資産	□□□		2.　評価・換算差額等	□□□	
			3.　新株予約権	□□□	
			純資産合計	□□□	
資産合計	□□□		負債および純資産合計	□□□	

（中小企業庁のHPの資料による）

　左側の資産合計と右側の負債・純資産の合計は，同じ数値に
なります。

　左側，資産の部を見れば，会社が資金をどのように運用して
いるかがわかります。

　それに対し右側は，資金の調達状況を表します。

　負債の部は主として債権者を介して調達した資金，純資産の
部は株主の払込資本や事業を展開して得た利益を計上します。

●5●
損益計算書

損益計算書は，経 常 損益と特別損益の2部構成です。

経常損益はさらに，営業損益と営業外損益の2つに分けます。

英語では profit and Loss Statement (P/L) です

〔損益計算書の例〕

損 益 計 算 書

■経常損益の部■

〔営 業 損 益〕

売 上 高 □□□□

売 上 原 価 □□□□

販売費及び一般管理費 □□□□

営 業 利 益 □□□□

〔営 業 外 損 益〕

営業外収益 □□□□

営業外費用 □□□□

経 常 利 益 □□□□

■特別損益の部■

特 別 利 益 □□□□

特 別 損 失 □□□□

税引前当期利益 □□□□

法人税等各種税 □□□□

当 期 純 利 益 □□□□

●6● 事業報告書

事業報告書には，会社の事業の状況をはじめとして，会社全体の重要な事項を記載・記録します。

その事業年度の営業の業績や資金調達の状況，さらに，設備投資の状況などを記します。

様式はとくに決められていません

●7● 附属明細書

附属明細書は，貸借対照表・損益計算書・事業報告書の3点セットを補う役割を果たします。この3点セットに記しきれなかったこと，補足すること，説明することなど，さまざまな会社の状況を記載・記録します。

たとえば，資本金・準備金の増減，長期借入金・短期借入金の増減，固定資産の取得・処分，減価償却費の明細，資産に設定されている担保権の明細，保証債務の明細などです。

●8● 計算書類の記載方法

計算書類の記載・記録方法は，次の3つにまとめられます。

計算書類の記載・記録の原則
①**真実性の原則** 会社の財政状況の真実を知らせる
②**明確性の原則** 企業会計は，財務諸表によって実際の
　　　　　　　　　資産状況を明確に知らせる
③**継続性の原則** 財務の原則・手続きを毎期継続して示す

❷▶資本金

●1●
資本金と準備金

まず資本とは何かを考えてみます。

一般に資本とは，会社が営業の基礎として持つべき財産のことを指します。

資本金は，原則，設立または株式の発行時に株主が会社に対して払い込み・給付した財産の合計額です（445条）。会社法では，最低資本金制度は廃止されました。

会社財産中，資本金を超える額で，会社にとどめておく金額を準備金＝積立金と呼びます。株主が払い込み・給付した額の2分の1を超えない額は，資本金として計上しなくてよいとされ，この額は資本準備金になります。

会社が，営業活動から生じた利益などを株主に分配することを，剰余金の配当といいます。分配可能額は，最終の賃借対照表の留保利益や剰余金等から当期に分配した額などを引いたものになります（461条2項）。 改正前の利益配当はこれにあたります

また，会社法では，株主総会の決議があれば原則としていつでも，資本の部の計数を変動することが可能になりました。資本の部の計数は，資本金減少・準備金の増減，剰余金減少などによって変動します。

● 2 ●
準備金

準備金を積み立てると，株主に対する剰余金の配当が減少する結果，会社財産が全体として増加します。逆に準備金を使ってしまうと，資産から控除を必要とする金額が減少する結果，損失の額が減少します。

資本準備金（445条3項・5項）は，利益以外の財源から積み立てる準備金です。

利益準備金（445条4項）は，決算期の利益の一部を積み立てる準備金です。

資本準備金と利益準備金の違いは源泉が異なるというだけで，ともに準備金として同じ扱いをします。

ただし，会計上＝計算書類上の区別は残ります。

準備金は株主総会の決議により減少することができ，資本金に組み入れたり株式発行の費用などに使われます。以前は，準備金の額が資本金の額の4分の1に相当する額を下回ってはならないとされていました。会社法では，この減少額の上限規制がなくなり，準備金全額を減少することも可能となりました。

資本金も，最低資本金制度の廃止で，減少額の制限がなくなっています。

他方，剰余金の配当をする場合には，その配当により減少する剰余金の額の10分の1に相当する額，または資本金の4分の1に当たる額から準備金の額を控除した額，いずれか少ない額を準備金として積み立てなければならないとされています（445条5項）。

❸▶ 剰余金の分配

●1●
株主の剰余金配当請求権

株式会社のもっとも大事な原則は，株式によって資金を募集し，利益が出た場合，その利益を株主に配当するということです。剰余金配当請求権は，株主の根本的な権利です。

●2●
剰余金の分配の要件

そうはいっても，会社に全然もうけが出ていないのに，配当をしてお金をばらまくのは無茶ですね。

配当できる額，つまり分配可能額が存在しなければ，株式会社は株主に配当財産を与えることができません（461条2項，2条25号）。

分配可能額は，｛最終の貸借対照表上の留保利益＋最終の貸借対照表上のその他資本剰余金＋当期の資本金および準備金の減少差益＋当期の自己株式処分差益｝－｛当期に消却した自己株式の簿価＋当期に分配した金銭などの価額＋法務省令で定められるもの｝になります（461条2項）。

また，剰余金があっても，純資産額が300万円未満の場合には，剰余金の分配ができません（458条）。会社債権者を保護するための規定です。

これら剰余金の分配における規制は，中間配当（後述）や資本金・準備金の減少に伴う払い戻し，自己株式の有償取得にも同様に及びます。

●3●
中間配当

1年決算の会社では，その途中で中間配当をすることができます (454条5項)。つまり，1営業年度につき，1回だけ途中で株主に対して取締役会の決議によって配当金を株主に分配することができます。

●4●
違法配当

分配可能額がないのに配当した場合を違法配当（いほうはいとう）といいます。蛸配当（たこはいとう）ともいいます。

おなかのすいたタコが自分の足をたべてしまうようなものです

違法配当があった場合，会社は株主に配当金の返還を請求できます。会社債権者も直接，株主に対して，違法配当額を会社に返還するよう請求することができます (463条2項)。関与した取締役・執行者等は，会社に対し連帯して違法配当額を弁償する責任を負います (無過失を証明できれば別。462条)。

●5●
剰余金の分配の時期

新会社法では，株主総会決議があれば原則としていつでも，剰余金の配当が可能になりました。一定の条件を満たす取締役会設置会社では，定款で定めていれば，取締役会決議で剰余金の分配ができる場合もあります。

自己株式には配当請求権はありません

●5 企業会計 ▶ 91

●6●
株主の経理検査権

　株主は，日常的には会社の営業内容を監視する手段を持っていません。しかし，会社の財産状況を把握する権利があります。これを株主の**経理検査権**といいます。

株主の経理検査権
①株主総会に提出する計算書類と監査報告書は，株主に送付される (437条)。
②少数株主は，会社の帳簿書類を閲覧することができる。
③少数株主の請求によって裁判所が選任する検査役は，会社の財産を調査することができる。

　黒板の②を帳簿閲覧権と呼んでいます。多くの株主がこれを利用すると大混乱になります。それで，総株主の議決権又は発行済株式数の3パーセント以上を所有する株主だけが，この帳簿閲覧権を行使できます (433条)。 <u>少数株主権</u>

　黒板③の検査役の財産調査は，株主が会社の業務執行に関して不正があると考えられる場合です。少数株主の請求によって，裁判所が検査役を選任します (358条)。検査役が会社の会計・財務・財産状況を調査します。

・・

437条〔計算書類等の株主への提供〕取締役会設置会社においては，取締役は，定時株主総会の招集の通知に際して，法務省令で定めるところにより，株主に対し，前条第3項の承認を受けた計算書類及び事業報告（同条第1項又は第2項の規定の適用がある場合にあっては，監査報告又は会計監査報告を含む。）を提供しなければならない。

キオークコーナー **5** 時間目

[用語チェック]

①～③貸借対照表，
損益計算書，株主資
本等変動計算書
④事業報告書
⑤附属明細書
⑥監査役・会計監査
人
⑦取締役会
⑧株主総会
⑨⑩会計帳簿，貸借
対照表
⑪資産
⑫⑬負債，純資産
⑭～⑯流動資産，固
定資産，繰延資産
⑰⑱経常損益，特別
損益

⑲資本金

⑳準備金
㉑利益準備金
㉒資本準備金

□　会社の計算書類には，〔①〕・〔②〕・
　〔③〕，個別注記表があります。その他に
　〔④〕や〔⑤〕があります。
□　計算書類に関する一般的な手続きの流れ
　は，まず，これらを〔⑥〕が監査し，〔⑦〕
　が承認します。〔⑦〕で承認された書類は，
　株主に提出・提供されます。〔⑦〕が設置
　されていない会社でも，〔⑧〕の承認は受
　けなければなりません。
□　商業帳簿とは，〔⑨〕と〔⑩〕のことで
　す。
□　貸借対照表は，左側に〔⑪〕，右側に
　〔⑫〕と〔⑬〕を記します。〔⑪〕の部は，
　〔⑭〕・〔⑮〕・〔⑯〕の３つに分けます。
□　損益計算書は，〔⑰〕と〔⑱〕の２部構
　成です。
□　原則として，設立または株式の発行時に
　株主が会社に対して払い込み・給付した財
　産の合計額を〔⑲〕といいます。
□　〔⑳〕は，〔⑲〕の額を超えて会社にとど
　めておくお金です。〔⑳〕には，決算期の
　利益の一部を積み立てる〔㉑〕と，利益以
　外の財源から積み立てる〔㉒〕とがありま
　す。

5 キオークコーナー ▶ 93

- 株式会社のもっとも大事な原則は，株式によって資金を募集し，利益が出た場合，その利益を株主に〔㉓〕するということです。〔㉓〕するためには，〔㉔〕が存在していなければなりません。〔㉔〕がないのに〔㉓〕した場合を〔㉕〕といいます。
- 剰余金があっても，純資産額が〔㉖〕の場合には，剰余金の分配ができません。
- １年決算の会社では，その途中で〔㉗〕することができます。
- 自己株式には〔㉘〕はありません。
- 株主の会社の財産状況を知る権利を〔㉙〕といいます。
- 少数株主が会社の帳簿書類を見る権利を〔㉚〕と呼びます。

㉓配当
㉔分配可能額
㉕違法配当（蛸配当）
㉖300万円未満
㉗中間配当
㉘配当請求権
㉙経理検査権
㉚帳簿閲覧権

6時間目 会社法その6
募集株式・新株予約権・社債

▶ここで学ぶこと

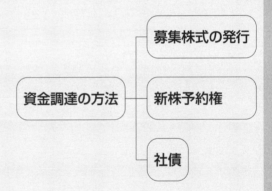

❶ 会社の資金調達

企業活動には，当然，資金が必要です。資金を集めるにはどんな方法があるでしょうか。

第一に，銀行から借金をする方法があります。**間接金融**といいます。第二に，株式や社債を発行する方法があります。**直接金融**といいます。

会社の資金の集め方
①間接金融　銀行からの借金
②直接金融　株式や社債

株式や社債を発行する方法は，銀行に利息を払うことなく，多くの人から資金を集めることができるというメリットがあります。　間接金融から直接金融への移行を
「企業金融の証券化」といいます

しかし，この株式発行や社債発行については，いくつか問題があります。

第一に，株式・社債やそれらを買う人を保護する必要があります。

第二に，既存の株主・社債権者と新しい株主・社債権者との利害をどう調整するかが問題になります。

第三に，会社債権者などとその他の関係者との利害をどう調整するかが問題です。

❖株式と社債の比較

社債は文字どおり会社の債務です。元本を返済し利息を支払わなければなりません。*(償還といいます)*

株式は会社の債務ではありません。会社がもうかれば利益を配当するだけです。ただし株式は値上がりしたり値下がりしたりします。株券がただの紙くずになることもあります。

株主は会社内部の構成員である社員です。社債権者は会社に対する債権者です。社債権者には株主総会の議決権などの権利はありません。あくまで債権者として元本を回収し，利息をもらうだけの立場です。株式は投機証券的だといえますが，社債は利息証券的です。

株式と社債をくらべてみよう

株　式	社　債
所有者＝株主は 会社内部の構成員	所有者＝社債権者は 会社の債権者
株主は経営に参加できる	社債権者は経営に参加できない
利益は不確定で投機的	利益は確定的な利息
株主に対する払戻しはない	社債権者に対して払い戻される

❶▶ 募集株式・新株予約権の発行

●1● 募集株式の発行

会社の資金調達のために，新たに株式を発行することです。

旧法では「新株の発行」と呼ばれていた手続です

募集株式の発行の際は，新たに株主となる者と，既存株主との利益調整が必要となりますので，会社法が発行の手続きを規律しています。

●2● 発行の手続き

まずは，募集する株式の数や，新株の対価として払い込んでもらう金額など，募集事項について決定します。この決定は，株主総会の決議に委ねるのが原則です（199条2項）。

しかし，時局に適した迅速な資金調達をするにあたって，いちいち株主総会の決議をしていたのでは時間がかかるので，公開会社においては取締役会が募集事項を決定できることになっています（201条1項）。

❖株主の募集

会社は株主に優先的に株式を割り当てることができます。保有する株式の数に応じて割り当てられます（202条）。株主以外の第三者に特に有利な金額で募集株式を発行する場合（有利発行）には，既存株主の保護のため，株主総会の特別決議が必要です。また，取締役は株主総会で有利発行をする理由を説明しなければなりません（199条3項，200条2項）。

❖株式の申し込み・割当て

次のステップとして，株式申込人は必要事項を記載した書面を会社に交付します。会社は，申込者の中から割り当てる者を決めます。株式申込人は，割り当てられた株式につき株式引受人になります。

❖出資の履行

募集株式の引受人は，払込期日までに引き受けた株式の発行価格全額の払い込みをします (208条)。金銭以外に現物出資，会社からの相殺による払い込みが可能です。

引受人は，払込期日または実際に払い込みをした日から株主となります (209条)。

出資の履行をしない引受人は，株主となる権利を失います。

❖登記

会社は，発行済み株式総数などの変更登記を行います (911条3項)。

● 3 ●
新株予約権の発行

新株予約権は，これを持つ者が，会社に対してこの権利を行使したときに，会社は新株予約権者に対して新株を発行し，あるいはその代わりに会社の持っている自己株式を移転する義務を負う，というものです。

株主割当てと異なり，新株予約権は，公正な価格と引き換えであれば，誰に対しても与えることのできる権利です。通常，あらかじめ決められた価格で株式を取得でき，さらに，定められた期間内であれば新株予約権者の判断で払い込みの日を決めることができます。

敵対的企業買収に備えて株主に交付するなどの利用方法があります。最近は，よくニュースで取り上げられたりしますね。

株主に対しては，無償で新株予約権を発行することができます (277条)。旧法のストックオプションにあたるものです

また，新株予約権付社債というものもあります。社債に新株予約権が付されたもので，両者を分離して譲渡することができないものです。原則として，新株予約権に関する規定と社債に関する規定の両方が適用されますが，若干の特別規定が設けられています。

新株予約権の発行手続きは，募集株式の発行手続きとほぼ同様です。

❖合併・会社分割・株式交換・株式移転と新株予約権

合併や会社分割などに際して，消滅会社または分割会社が発行している新株予約権・新株予約件付社債を存続会社等が承継します。株式交換・移転においても完全子会社から完全親会社に承継されます。新株予約権者には，新株予約権買取請求権も認められています (787条，808条)。


```
●        発行手続きのおおまかな流れ        ●

①株主の募集（第三者割り当て or 持分割り当て）
②株式の申し込み      「株式申込人」      ┐名前が
③割り当て          「株式引受人」      │変わって
④出資の履行            「株主」        ↓いきます
⑤登記
```

4 特殊の株式発行

募集株式の発行以外の形態での株式発行には，次の黒板に書いたような場合があります。

特殊な株式発行の例
① 株式分割
② 取得請求権付株式・取得条項付株式等の取得の対価としての新株発行
③ 新株予約権の行使

このうち①の株式分割は，既存の株式を細分化して多数の株式にするものです。株主総会（取締役会設置会社では取締役会）の決議により新株を発行し，株主の持株数に応じて無償で新株を与えます（183 条以下）。

募集株式の発行との一番の違いは，新たに株主を募集し出資を履行させるという手続きが不要であるという点です。

❷▶社債

❖社債の発行

社債は，長期にわたって多くの人たちから資金を集めるのに適した方法です。取締役会設置会社では，取締役会で募集事項を決定します (362条4項5号)。会社法では，取締役会を置かない機関設計が可能になったことから，株式会社以外の会社でも自由に社債を発行することができるようになりました。

社債を発行するには，原則として社債管理者を置かなければなりません (702条)。社債を発行する会社に，その管理を社債管理者に委託させることで，社債権者の保護を厚くすることができます。

❖社債権者集会

社債権者の重大な利害に関係することについて社債権者の総意を決定するため，社債権者集会という集まりが組織されます (715条以下)。

❖新株予約権付社債

新株予約権付社債は新株予約権がついた社債のことで (2条22号)，社債の堅実性と株式の投機性の両方をあわせもっているものといえます。

2条〔定義〕この法律において，次の各号に掲げる用語の意義は，当該各号に定めるところによる。
23．社債　この法律の規定により会社が行う割当てにより発生する当該会社を債務者とする金銭債権であって，第676条各号に掲げる事項についての定めに従い償還されるものをいう。

キオークコーナー **6** 時間目

[用語チェック]

①間接金融
②社債
③直接金融

④証券化
⑤利息

⑥社債
⑦元本
⑧償還
⑨株式
⑩配当
⑪利息

⑫募集株式の発行
⑬新株予約権

⑭社債管理者

⑮社債権者集会

⑯新株予約権付社債

□　企業活動にはお金が必要です。第一に銀行から借金をする方法があり，〔①〕といいます。第二に株式や〔②〕を発行する方法があり，〔③〕といいます。

□　〔①〕から〔③〕への移行を企業金融の〔④〕といいます。〔③〕のほうが銀行に〔⑤〕を払うことなく，多くの人から資金を集めることができます。

□　〔⑥〕は会社の債務です。〔⑦〕を返済し利息を支払わなければなりません。〔⑦〕の返済を〔⑧〕と呼びます。〔⑨〕は会社の債務ではありません。会社がもうかれば利益を〔⑩〕するだけです。〔⑨〕を投機的証券と呼べると考えると，社債は〔⑪〕的証券と呼ぶことができます。

□　会社が資金調達のために，新たに株式を発行することを〔⑫〕といいます。

□　〔⑬〕とは，それを有する者が会社から株式の交付を受けることのできる権利です。あらかじめ決められた価格で，あらかじめ定めた期間内に払い込みをすることによって行います。

□　社債を発行するには原則として〔⑭〕を置きます。

□　〔⑮〕は社債権者の総意を決める集会です。

□　〔⑯〕は新株予約権が付いた社債です。

6 キオークコーナー ▶ 103

〔⑰〕の堅実性と株式の〔⑱〕の両方の性格を持ったものです。

⑰社債
⑱投機性

発行手続きのおおまかな流れ

㋐株主の募集（第三者割り当て or 〔⑲〕割り当て）
㋑株式の申し込み　　　　「〔⑳〕」
㋒割り当て　　　　　　　「株式引受人」
㋓〔㉑〕　　　　　　　　「株主」
㋔登記

⑲持分
⑳株式申込人
㉑出資の履行

7時間目 会社法その7 定款の変更

▶ここで学ぶこと

定款の変更
- 意義
- 手続き
- 特殊な場合
  ・株式譲渡制限

●1● 定款の変更とは

定款は，会社の根本ルールです。しかし，状況の変化によっては，定款を変更する必要も出てくるでしょう。

定款の絶対的記載事項・相対的記載事項・任意的記載事項のいずれも，変更の必要があれば，原則として自由に変更することができます。　*定款変更自由の原則*

ただし例外として，強行法規や株式会社の本質に反するような定款変更はできません。また，株主の固有権などを侵害するような定款変更も許されません。

●2● 定款変更の手続き

商法は，定款を変更するには原則として株主総会の特別決議が必要であると規定しています (466条・309条2項11号)。

65ページ参照

❖種類株主総会

定款変更が，ある種類の種類株主に損害を与えるような場合には，株主総会の特別決議のほかに，その種類株主による総会を開いて，承認決議を行うことが必要です (322条)。

第466条 [定款の変更] 株式会社は，その成立後，株主総会の決議によって，定款を変更することができる。

●3●
株式の譲渡制限を設ける定款変更

　株式の譲渡制限は，最初から定款に定めておくこともできますが，定款の変更によって定めることもできます。

　しかし，そもそも株式会社のメリットは，株主がお金が必要になったときに，株式を自由に譲り渡すことによってお金を取り戻せるというところにあったはずですね。つまり株式の譲渡制限は，株主にとって重大な利益に関することなので，非常に厳しい決議要件が定められています（309条3項1号）。

　まず，議決権を行使できる株主の過半数の賛成が必要です。たとえば該当する株主が15人なら8人以上の賛成が必要です。同時に，その株主の議決権の3分の2以上の賛成が必要です。たとえば，該当する株主の議決権が全部で15万票なら，10万票以上の賛成が必要なのです。これらの要件は定款でもっと厳しくできます。

　この決議に反対した株主には，株式買取請求権が認められます（116条）。

　定款の変更により株式の譲渡制限が定められた場合には，株券を発行している会社は株主らに株券を提出させ，株式譲渡制限の定めを記載した株券を交付しなければなりません（219条）。

309条〔株主総会の決議〕③　前2項の規定にかかわらず，次に掲げる株主総会（種類株式発行会社の株主総会を除く。）の決議は，当該株主総会において議決権を行使することができる株主の半数以上（これを上回る割合を定款で定めた場合にあっては，その割合以上）であって，当該株主の議決権の3分の2（これを上回る割合を定款で定めた場合にあっては，その割合）以上に当たる多数をもって行わなければならない。
1．その発行する全部の株式の内容として譲渡による当該株式の取得について当該株式会社の承認を要する旨の定款の定めを設ける定款の変更を行う株主総会

キオークコーナー 7時間目

[用語チェック]

- 〔①〕は会社の根本ルールです。 ①定款
- 〔①〕は株主総会の〔②〕で変更できます。 ②特別決議
- 〔①〕の変更が一部の株主に損害を与える場合，株主総会の〔②〕以外に，その一部の株主による〔③〕が必要です。 ③承認決議
- 株式の譲渡制限は最初の〔④〕で定めることもできます。また，定款変更によっても定めることができます。しかし，株主の重大な利益に関するものなので，厳しい決議要件があります。第一に議決権を行使できる株主の〔⑤〕の賛成が必要です。第二に当該株主の議決権の〔⑥〕以上の賛成が必要です（これらの要件は定款でより厳格にできます）。 ④定款 ⑤半数以上 ⑥3分の2

8時間目
会社法その8
解散と清算

▶ここで学ぶこと

解散 ・原因・手続き

↓

清算

❶ ▶ 解散

●0●
解散と清算

会社が，その目的としてきた事業をやめ，消滅するための手続きに入ることが解散です。それに続いて，法律関係の交通整理をするための手続きを清算といいます。債権・債務を整理し残余財産を株主に分配します。

会社の法人格は，解散によってすぐに消滅するのではありません。会社は清算の手続きに入り，それが終わってはじめて消滅するのです。ただし合併の場合は，すぐに消滅します。

●1●
解散原因

会社の解散する原因には次のようなものがあります (471条)。

会社はどんな原因で解散するか
① 定款で定めた存続期間の満了
② 定款に定めた解散事由の発生
③ 株主総会の決議
④ 会社の合併
⑤ 破産手続開始の決定
⑥ 解散を命ずる裁判
⑦ 休眠会社の整理手続き

❖定款で定めた存続期間の満了による解散

たとえば定款に5年なら5年という会社存立期間が定まっている場合には，その期間が満了した時点で，当然，解散になります。

❖株主総会の決議による解散

特別決議を要します。　65ページ参照！

❖破産手続開始の決定による解散

会社債権者の利益のために認められたものです。

会社が破産した場合，会社を解散させて残った財産をなるべく多く会社債権者に分配するためです。

❖解散を命ずる裁判による解散

解散命令と解散判決があります。

❖休眠会社の整理手続きによる解散

登記があっても営業活動が行われず，実態が消えている会社が多く存在します。これを休眠会社と呼んでいます。

最後の登記後12年を経過している会社が，営業を廃止していないことを届け出るよう公告および通知をしたのに，2か月以内に届け出または登記をしない場合には，解散会社とみなされます (472条)。登記簿の交通整理のためです。

●2●
解散の手続き

取締役は，原則として，解散したことを株主に通知します。

その後解散の登記をし，公示します (926条)。

❽解散と清算 ▶ 111

❷▶ 清算

　解散した会社は，清算手続きに入ります。ただし，合併の場合には清算の必要はありません。また，破産の場合は破産手続きになります。

　清算は，通常清算と特別清算に分けられます。

特別清算は10時間目で説明します。

❖通常清算の手続き

　清算手続きに入ると，取締役は地位を失い，清算人が清算事務を執行します。株主総会と監査役は清算中も存続します（新しい会社法では，株式譲渡制限会社でなかった会社で監査役がいなかった場合に，置くことが義務づけられています）。

　普通は取締役が清算人になります。取締役が清算人にスライドしてなるというイメージでほぼ間違いではありません。実際に，取締役の規定が清算人にほとんど準用されています。定款で取締役以外の人間を指定することもできますし，株主総会の決議で選任することもできます（478条）。

　清算事務の中心は残った財産を株主に分配することです。そのために，残っている業務を終了し，債権を取り立て，不動産などをお金に換え，債務を弁済しなければなりません。要するに貸してあるお金を取り立て，借りたお金を返し，不動産やトラックが残っていればお金に換えるのです。それを株主に公平に分配します（504条）。金銭以外の残余財産を分配することも可能です（505条）。これに対し株主は金銭分配請求権を行使することで金銭のみを分配してもらうことができます。

債務の弁済は，残った財産を株主に分配する前にしてしまわなければなりません。　*会社債権者の保護のため*

　債務を弁済し残った財産を株主に分配し終えたら，決算報告書を作成し，株主総会を招集して決算報告書の承認を受けます (507 条)。

　これで清算の終了です。会社が消滅し，登記がなされます。

キ オ ー ク コ ー ナ ー **8** 時 間 目

［用語チェック］

□ 会社の解散は，会社の法人格が消滅するべき法律事実です。解散の後，清算手続きにはいります。ただし，〔①〕の場合は，例外的に，会社はすぐに消滅します。

①合併

□ 解散原因は次のようなものがあります。〔②〕に定めた存続期間の満了・解散事由の発生，〔③〕手続開始の決定，会社の〔④〕，〔⑤〕を命ずる裁判，株主総会の〔⑥〕，休眠会社の〔⑦〕。

②定款
③破産
④合併
⑤解散
⑥決議

□ 取締役は解散したことを〔⑧〕に通知します。解散の〔⑨〕をし，公示します。

⑦整理手続き
⑧株主
⑨登記

□ 解散した会社は〔⑩〕に入ります。ただし，〔⑪〕の場合には清算の必要はありません。また，〔⑫〕の場合は〔⑫〕手続きになります。

⑩清算手続き
⑪合併
⑫破産

□ 清算は，〔⑬〕と〔⑭〕に分けられます。

⑬⑭通常清算，特別清算

□ 清算手続きに入ると，取締役は地位を失い，〔⑮〕が清算事務を執行します。普通は，取締役が〔⑮〕になります。

⑮清算人

□ 清算事務の中心は、残った財産を〔⑯〕に分配することです。

⑯株主

□ 株主は〔⑰〕を行使して金銭のみを分配させることも可能です。

⑰金銭分配請求権

9時間目
会社法その9
組織変更・組織再編

▶ここで学ぶこと

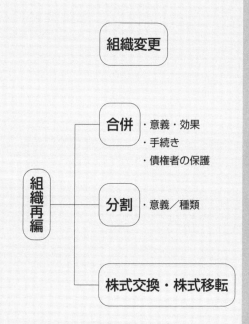

組織変更

組織再編
- 合併
  - 意義・効果
  - 手続き
  - 債権者の保護
- 分割
  - 意義／種類
- 株式交換・株式移転

❶ ▶ 組織変更

● 1 ●
組織変更とは

　組織変更とは，株式会社が持分会社になること，またはその逆になることをいいます。

　持分会社内の変更，たとえば合名会社から合資会社になる場合は組織変更とは言いません。これは持分会社の種類の変更になります。

　会社はいつでも他の組織に変更することができます。これに対して，株主や会社債権者には，組織変更計画の閲覧権や異議をのべる権利が与えられています。

743条〔組織変更計画の作成〕会社は，組織変更をすることができる。この場合においては，組織変更計画を作成しなければならない。

❷▶ 会社の合併

●1●
合併とは

　合併は2つ以上の会社が契約によって1つの会社になることです (748条)。市場独占・競争力強化・業績不振の会社の救済などのために，企業が行うものです。

　合併には吸収合併と新設合併とがあります。吸収合併は，1つの会社がそのまま存続し，その他の会社が解散して吸収される場合です (749条など)。これに対して新設合併は，2つ以上の会社がすべて解散し，1つの新会社を設立する場合です (753条など)。

　いずれの合併の場合でも，解散する会社は解散によってただちに消滅し，清算手続きはありません。

　合併は4種の会社 (株式会社，合名会社，合資会社，合同会社) 間で自由にできます。会社法では，株式会社または持分会社が存続する場合，株式会社または持分会社を設立する場合の4つに分けて規定されています。

●2●
合併の効果

　解散する会社の株主は，存続する会社または新しい会社に収容されます。解散する会社の財産も，存続する会社または新しい会社に，包括的に継承されます。

　吸収合併の場合 (株式会社どうし) は，通常存続する会社の新しい株が発行されます。新設合併の場合は，新しい会社が成立します。

　解散する会社の株主は，持株数に応じて，存続する会社また

❾組織変更・組織再編 ▶ 117

は新しい会社の株式の割り当てを受けます。そして，存続する会社か新しい会社に収容されます。

解散する会社の株主が割り当てを受ける株式は，自分がもともと持っていた解散する会社の株式の価値と同じになります。ただ，株式数が同じであるとは限りません。存続する会社や新しい会社の経営状態がいい場合には，解散する会社の株式の数が減ることになります。そうすることによって価値を同じにするのです。

消滅する会社の株式に対して存続する会社の株式が何株割り当てられるかを割当比率といいます。割り当ての比率の手続きを簡単にするために，会社法では，株式を交付する代わりに金銭その他の財産だけを交付する合併が可能になりました。吸収分割，株式交換でも同様です。

なお新設合併，新設分割，株式移転では株式を交付しないことはありえないので，金銭等のみの交付はできません。

●3●
合併の手続き

合併には合併契約が必要です（748条）。そして，合併契約書を作成し，それぞれの会社の株主総会が特別決議・特殊決議によって承認します（309条2項～4項）。ただし，存続会社等に比べて消滅会社等の規模がいちじるしく小さいなどの，簡易組織再編行為の要件を満たしていれば取締役会の決議だけで行うことができます。

また，支配関係のある会社間での吸収合併では，被支配会社の株主総会決議を不要とする略式組織再編行為制度が適用されます。吸収分割，株式交換も同様です。

手続きが終了すると，存続する会社については変更の登記，解散する会社については解散の登記，新しい会社については設

立の登記がなされます。

●4● 合併と債権者保護

　会社に債権を持つ者にとって，会社が業績のよくない会社と合併すると，自分の債権が危なくなります。

　合併で消滅する各会社は，その債権者に対し「合併に異議があれば一定期間（1か月以上）内に述べよ」と官報で公告しなければなりません（789条・810条）。また，それぞれの会社が把握している債権者には個別に催告しなければなりません。もっともこの催告は，官報＋日刊新聞紙公告，または電子公告をすれば省略できます。

　債権者が期間以内に異議を述べなければ，合併を承認したものとみなされます。

748条〔合併契約の締結〕会社は，他の会社と合併をすることができる。この場合においては，合併をする会社は，合併契約を締結しなければならない。

❸► 会社の分割

●1●
会社の分割とは

　分割は，1つの会社を2つ以上に分けることです。たとえば，大企業がある事業部分を独立させて新しい会社にする場合などがあります。業績の上がらない部門を独立させて，リストラを推進することもあります。

← 新設分割の場合

　会社を分割するには，分割計画書または分割契約書を作り，株主総会の特別決議で承認される必要があります (762条・758条)。

吸収分割の場合

　会社分割は，株式会社と合同会社の間で認められる制度です。

❖新設分割と吸収分割

　会社の分割には，新設分割と吸収分割とがあります。

　新設分割は，分割をする会社の権利義務の一部又は全部を，新しく会社を設立してその新設会社に承継させるものです (2条30号，762条以下)。

　吸収分割は，すでに存在している別の会社に，分割をする会社の権利義務の一部又は全部を承継させるものです (2条29号，757条)。

❹▶ 株式交換・株式移転

●1● 株式交換と株式移転

株式交換とは，株式会社がその株式の全部を他の株式会社または合同会社に取得させることです（2条31号，767条）。

株式移転とは，新しく設立する株式会社に，すでに存在するいくつかの株式会社の株式の全部を移転させることです（2条32号，772条）。

●2● 親会社と子会社

株式交換も株式移転も，支配する会社と支配される会社の関係が生まれます。この支配を受ける会社が子会社です（2条1項3号）。支配する会社＝親会社が子会社の株式を100パーセント持っている場合を完全親会社と呼びます。株式交換・移転の親会社は完全親会社です。そして，その支配を受ける会社を完全子会社と呼びます。

767条〔株式交換契約の締結〕株式会社は，株式交換をすることができる。この場合においては，当該株式会社の発行済株式の全部を取得する会社（株式会社又は合同会社に限る。以下この編において「株式交換完全親会社」という。）との間で，株式交換契約を締結しなければならない。

❾組織変更・組織再編 ▶ 121

キオークコーナー 9 時間目

［用語チェック］

□ 合併は2つ以上の会社が〔①〕で1つの会社になることです。 ①契約

□ 合併には新設合併と〔②〕があります。新設合併は2つ以上の会社がすべて解散し，1つの新会社を設立する場合です。 ②吸収合併

□ 消滅する会社の株式に対して存続する株式が何株割り当てられるかを〔③〕といいます。 ③割当比率

□ 株式会社の合併の場合，株主総会が〔④〕によって承認します。 ④特別決議・特殊決議

□ 存続する会社は〔⑤〕登記，解散する会社は〔⑥〕登記，新しい会社は〔⑦〕登記をします。 ⑤変更 ⑥解散 ⑦設立

□ 会社の分割には，分割をする会社の一部又は全部を，新しく会社を設立してそこに承継させる〔⑧〕と，すでに存在している別の会社に，分割をする会社の一部又は全部を承継させる〔⑨〕とがあります。 ⑧新設分割 ⑨吸収分割

□ A会社がB会社に対して一定の支配権をもっているとき，会社法上，A社はB社の〔⑩〕であるといい，またB社はA社の〔⑪〕であるといいます。 ⑩親会社 ⑪子会社

□ A会社がB会社の全部の株式を持っているとき，会社法上，A社はB社の〔⑫〕であるといい，またB社はA社の〔⑬〕であるといいます。 ⑫完全親会社 ⑬完全子会社

10時間目
会社法その10
会社再建・特別清算

▶ここで学ぶこと

```
                    ┌─ 再建型 ─── 民事再生・会社更生
   会社の
   財産状態が ──────┤
   不良
                    └─ 清算型 ─ 破産・  特別清算
```

はじめに

誰だって自分のビジネスを成功させたいと思うでしょうが，うまくいかないこともあります。会社あるいは自然人が経済的に行き詰まったとき，債務が払えなくなったようなときに，どのように対応するかについて考えていきましょう。

まず，大きく2つのパターンに分けます。

行き詰まったときの方策
①**債務者の財産を清算する方法 (清算型)**
　　破産・特別清算
②**債務者の立て直しをはかるもの (再建型)**
　　民事再生・会社更生

破産は破産法，民事再生は民事再生法，会社更生は会社更生法による手続きです。以前は，再建型の方策として会社整理という手続きが規定されていましたが，利用価値がなくなったため廃止されています。

● 2 ●
民事再生・会社更生

❖民事再生

　民事再生は，経済的に窮する債務者の事業や経済生活の再生を目的とする手続きです。かつて同じ趣旨の制度を定めていた「和議（和議法）」をより使いやすくした制度です。対象となる主体が株式会社に限定されておらず，個人にも利用しやすくなっています。

　①「破産原因の生ずる恐れ」または②「事業の継続に著しい支障をきたすことなく債務を弁済できないこと」が，裁判所に再生手続きを申し立てる要件です。

　②を理由として申し立てられるのは債務者のみですが，①を理由とする場合は債権者からも申し立てることができます。

❖会社更生

　会社更生は，株式会社の事業の維持・更正をはかろうとする手続きです。手続き開始の申し立ての要件は民事再生と同じです。民事再生に比べて，大規模な株式会社に向いている再建制度です。

⑩会社再建・特別清算 ▶ 125

●3● 特別清算

特別清算という手続きは、①会社の清算を行うのに著しい支障をきたす事情がある②債務超過の疑いがある場合に、裁判所の命令によって開始されます。

債権者・清算人・監査役・株主が申立権者です。裁判所は職権によっても特別清算の開始を命令することができます。

原則として清算の規定が適用されますが、いくつかの例外があります。特別清算はいわば、破産と通常清算の中間的な性格を持っています。破産手続きは費用と時間がかかりますが、特別清算は比較的簡単な点がメリットといえます。

次のような特徴があります。

特別清算の特徴
①清算人は、債務超過の疑いがある場合、特別清算の申し立てをする義務がある。
②裁判所の監督の下に置かれる。

キオークコーナー 10時間目

[用語チェック]

①②破産，特別清算

③④民事再生，会社更生

⑤会社更生

⑥債務超過

⑦裁判所

⑧破産
⑨通常清算

□ 会社や自然人が経済的に行き詰まった場合，次のような対応方法があります。第一に債務者の財産を清算する方法として〔①〕〔②〕があります。第二に債務者の建て直しをはかるものとして〔③〕〔④〕があります。

□ 〔⑤〕は大規模な株式会社に適する再建制度です。

□ 特別清算の特徴としては，〔⑥〕の疑いがある場合には清算人に申し立て義務があるということと，〔⑦〕の監督の下に置かれる手続きであるという点です。

□ 特別清算は〔⑧〕と〔⑨〕の中間的性格を持っています。

11時間目
会社法その11
持分会社

▶ここで学ぶこと

●0●
持分会社とは

　会社法は，社員の人的要素が会社と強く結びついている会社をまとめて「持分会社」として規定しました。その種類として，合名会社，合資会社，合同会社があります (575条)。

●1●
合名会社とは

　合名会社は，無限責任社員だけで構成される会社です。合名会社の社員は会社の債務に関して，会社債権者に対し直接無限の責任を負います。会社法では，法人も無限責任社員となることができるようになりました。また社員が1人だけの合名会社の設立・存続も認められました (641条4号)。合名会社は個人企業を営むようなイメージの会社で，実質的には組合的なものです。

　中世ヨーロッパにおいて，父親が数人の子供たちに自らの商売を共同相続させたのが始まりだといわれています。フランス商法典で，共同商号を用いることから合名会社という言葉ができた，つまり，**名前を合同にする**というわけです。

イギリスやアメリカのPartnershipがこれにあたります

❖合名会社の特徴

　合名会社は，定款を作成し，設立登記をして，成立します。全社員が無限責任を負うので，特に会社債権者保護のシステムも必要ありません。

　合名会社の社員は，出資をした上，業務を執行し，会社を代表します。すべてをするわけです。その代わり会社が事業によってもうけた利益の分配を受けます。会社が借金をすれば，その責任も負います。業務執行の意思決定は，業務執行社員の過半

数で決定するのが原則です。業務を執行する社員を定款で定めることもできます。この場合，業務執行権のない社員は，業務執行社員の合名会社に対する責任を追及する訴えを提起することで，経営にかかわることになります。株式会社の株主代表訴訟のようなものです。

●2● 合資会社とは

　合資会社は，有限責任社員と無限責任社員で構成される会社です。ごく簡単にいうと，株式会社・合同会社と合名会社の長所を合わせた形です。社員の有限責任原則は株式会社のものであり，社員の無限責任原則は，合名会社のものだからです。

　定款と登記には，各社員が有限責任か無限責任かを記します。

　有限責任社員の責任は，会社債権者に対する直接の責任ですが，限度が出資額に限られます。

　有限責任社員は，業務執行権や代表権を持つ者と持たない者に分かれます。権限のない者は，合名会社同様，業務執行社員への責任追及の訴えができます。裁判所の許可を得なくても，重要な事項については合資会社の業務及び財産の状況を検査できる点も同様です。

●3● 合同会社とは

　合同会社とは，有限責任社員だけで構成され，かつ会社内部の組織運営は広く定款による自治が認められた会社です。

　株式会社では，会社内部についての強行規定で自由な組織運営ができませんでした。他方，合名会社・合資会社は無限責任社員がいないと設立できず，出資者にとっては大きな負担でした。そこで，合同会社が新設されたのです。

⑪持分会社 ▶ 131

社員 1 人での設立と存続が認められ，社員は原則として業務執行権を持つ点などは合名・合資会社と同じです。

　有限責任しか負わないことにより，社員個人は合同会社の債務についての責任は負いません。また，業務執行社員の第三者責任については，株式会社の取締役の第三者責任と同様の規定がおかれています。

キオークコーナー 11時間目

[用語チェック]

①無限

②合資会社

③④合名会社，合同会社・株式会社

⑤合同会社

⑥1
⑦業務執行権

⑧パートナーシップ

□ 合名会社は〔①〕責任社員だけで構成される会社です。

□ 〔②〕は，有限責任社員と無限責任社員と両方で構成される会社です。つまり，〔③〕会社と〔④〕の長所を合わせたわけです。

□ 〔⑤〕は，有限責任社員だけで構成される持分会社です。

□ 〔⑤〕は社員〔⑥〕人での設立と存続が認められ、社員は原則として〔⑦〕を持つ点で合名・合資会社と同じです。

□ 合名会社は名前を合同にするという趣旨で英米の〔⑧〕がこれに相当します。

巻末付録

●株式会社と株主の権利・責任
●取締役の義務・責任
●合同会社

株式会社と株主の権利・責任

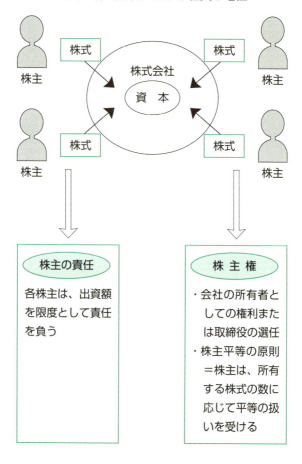

取締役の義務・責任

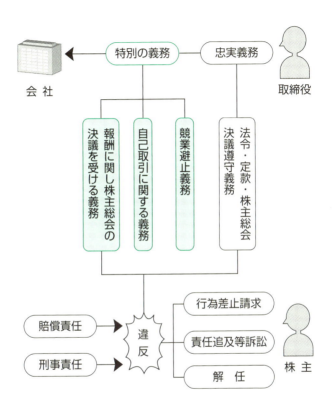

合同会社

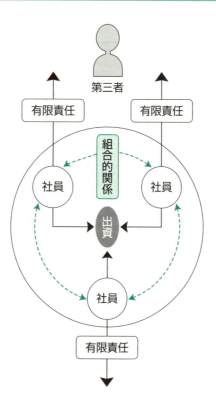

本書関連の法律条文一覧

▷法律名のない条文は，すべて会社法の条文です。
▷特に重要な条項だけを抜粋して掲載しています。

第1編　総則

第1章　通則

第1条〔趣旨〕会社の設立，組織，運営及び管理については，他の法律に特別の定めがある場合を除くほか，この法律の定めるところによる。

第2条〔定義〕この法律において，次の各号に掲げる用語の意義は，当該各号に定めるところによる。

一　会社　株式会社，合名会社，合資会社又は合同会社をいう。

三　子会社　会社がその総株主の議決権の過半数を有する株式会社その他の当該会社がその経営を支配している法人として法務省令で定めるものをいう。

四　親会社　株式会社を子会社とする会社その他の当該株式会社の経営を支配している法人として法務省令で定めるものをいう。

五　公開会社　その発行する全部又は一部の株式の内容として譲渡による当該株式の取得について株式会社の承認を要する旨の定款の定めを設けていない株式会社をいう。

六　大会社　次に掲げる要件のいずれかに該当する株式会社をいう。

　イ　最終事業年度に係る貸借対照表（第四百三十九条前段に規定する場合にあっては，同条の規定により定時株主総会に報告された貸借対照表をいい，株式会社の成立後最初の定時株主総会までの間においては，第四百三十五条第一項の貸借対照表をいう。ロにおいて同じ。）に資本金として計上した額が五億円以上であること。

　ロ　最終事業年度に係る貸借対照表の負債の部に計上した額の合計額が二百億円以上であること。

七　取締役会設置会社　取締役会を置く株式会社又はこの法律の規定により取締役会を置かなければならない株式会社をいう。

十一の二　監査等委員会設置会社　監査等委員会を置く株式会社をいう。

十二　指名委員会等設置会社　指名委員会，監査委員会及び報酬委員会（以下「指名委員会等」という。）を置く株式会社をいう。

十四　種類株主総会　種類株主（種類株式発行会社におけるある種類の株式の株主をいう。以下同じ。）の総会をいう。

十五　社外取締役　株式会社の取締役であって，次に掲げる要件のいずれにも該当するものをいう。

　イ　当該株式会社又はその子会社の業務執行取締役（株式会社の第三百

本書関連の法律条文一覧 ► 139

六十三条第一項各号に掲げる取締役及び当該株式会社の業務を執行したその他の取締役をいう。以下同じ。）若しくは執行役又は支配人その他の使用人（以下「業務執行取締役等」という。）でなく、かつ、その就任の前十年間当該株式会社又はその子会社の業務執行取締役等であったことがないこと。

ロ　その就任の前十年内のいずれかの時において当該株式会社又はその子会社の取締役、会計参与（会計参与が法人であるときは、その職務を行うべき社員）又は監査役であったことがある者（業務執行取締役等であったことがあるものを除く。）にあっては、当該取締役、会計参与又は監査役への就任の前十年間当該株式会社又はその子会社の業務執行取締役等であったことがないこと。

ハ　当該株式会社の親会社等（自然人であるものに限る。）又は親会社等の取締役若しくは執行役若しくは支配人その他の使用人でないこと。

ニ　当該株式会社の親会社等の子会社等（当該株式会社及びその子会社を除く。）の業務執行取締役等でないこと。

ホ　当該株式会社の取締役若しくは執行役若しくは支配人その他の重要な使用人又は親会社等（自然人であるものに限る。）の配偶者又は二親等内の親族でないこと。

十六　社外監査役　株式会社の監査役であって、次に掲げる要件のいずれにも該当するものをいう。

イ　その就任の前十年間当該株式会社又はその子会社の取締役、会計参与（会計参与が法人であるときは、その職務を行うべき社員。ロにおいて同じ。）若しくは執行役又は支配人その他の使用人であったことがないこと。

ロ　その就任の前十年内のいずれかの時において当該株式会社又はその子会社の監査役であったことがある者にあっては、当該監査役への就任の前十年間当該株式会社又はその子会社の取締役、会計参与若しくは執行役又は支配人その他の使用人であったことがないこと。

ハ　当該株式会社の親会社等（自然人であるものに限る。）又は親会社等の取締役、監査役若しくは執行役若しくは支配人その他の使用人でないこと。

ニ　当該株式会社の親会社等の子会社等（当該株式会社及びその子会社を除く。）の業務執行取締役等でないこと。

ホ　当該株式会社の取締役若しくは支配人その他の重要な使用人又は親会社等（自然人であるものに限る。）の配偶者又は二親等内の親族でないこと。

十七　譲渡制限株式　株式会社がその発行する全部又は一部の株式の内容

として譲渡による当該株式の取得について当該株式会社の承認を要する旨の定めを設けている場合における当該株式をいう。

十八　取得請求権付株式　株式会社がその発行する全部又は一部の株式の内容として株主が当該株式会社に対して当該株式の取得を請求することができる旨の定めを設けている場合における当該株式をいう。

二十　単元株式数　株式会社がその発行する株式について，一定の数の株式をもって株主が株主総会又は種類株主総会において一個の議決権を行使することができる一単元の株式とする旨の定款の定めを設けている場合における当該一定の数をいう。

二十一　新株予約権　株式会社に対して行使することにより当該株式会社の株式の交付を受けることができる権利をいう。

二十三　社債　この法律の規定により会社が行う割当てにより発生する当該会社を債務者とする金銭債権であって，第六百七十六条各号に掲げる事項についての定めに従い償還されるものをいう。

二十五　配当財産　株式会社が剰余金の配当をする場合における配当する財産をいう。

二十六　組織変更　次のイ又はロに掲げる会社がその組織を変更することにより当該イ又はロに定める会社となることをいう。

　　イ　株式会社　合名会社，合資会社又は合同会社

　　ロ　合名会社，合資会社又は合同会社　株式会社

二十七　吸収合併　会社が他の会社とする合併であって，合併により消滅する会社の権利義務の全部を合併後存続する会社に承継させるものをいう。

二十八　新設合併　二以上の会社がする合併であって，合併により消滅する会社の権利義務の全部を合併により設立する会社に承継させるものをいう。

二十九　吸収分割　株式会社又は合同会社がその事業に関して有する権利義務の全部又は一部を分割後他の会社に承継させることをいう。

三十　新設分割　一又は二以上の株式会社又は合同会社がその事業に関して有する権利義務の全部又は一部を分割により設立する会社に承継させることをいう。

三十一　株式交換　株式会社がその発行済株式（株式会社が発行している株式をいう。以下同じ。）の全部を他の株式会社又は合同会社に取得させることをいう。

三十二　株式移転　一又は二以上の株式会社がその発行済株式の全部を新たに設立する株式会社に取得させることをいう。

三十三　公告方法　会社（外国会社を含む。）が公告（この法律又は他の法律の規定により官報に掲載する方法によりしなければならないものとされているものを除く。）をする方法をいう。

本書関連の法律条文一覧 ▶ 141

第3条〔法人格〕会社は，法人とする。

第2編　株式会社 ··

第1章　設立 ···

第1節　総則 ···

第25条 [株式会社の設立] 株式会社は，次に掲げるいずれかの方法により設立することができる。

一　次節から第八節までに規定するところにより，発起人が設立時発行株式（株式会社の設立に際して発行する株式をいう。以下同じ。）の全部を引き受ける方法

二　次節，第三節，第三十九条及び第六節から第九節までに規定するところにより，発起人が設立時発行株式を引き受けるほか，設立時発行株式を引き受ける者の募集をする方法

❷　各発起人は，株式会社の設立に際し，設立時発行株式を一株以上引き受けなければならない。

第2節　定款の作成 ···

第26条〔定款の作成〕株式会社を設立するには，発起人が定款を作成し，その全員がこれに署名し，又は記名押印しなければならない。

第27条〔定款の記載又は記録事項〕株式会社の定款には，次に掲げる事項を記載し，又は記録しなければならない。

一　目的

二　商号

三　本店の所在地

四　設立に際して出資される財産の価額又はその最低額

五　発起人の氏名又は名称及び住所

第28条 [定款の記載又は記録事項・その2] 株式会社を設立する場合には，次に掲げる事項は，第二十六条第一項の定款に記載し，又は記録しなければ，その効力を生じない。

一　金銭以外の財産を出資する者の氏名又は名称，当該財産及びその価額並びにその者に対して割り当てる設立時発行株式の数（設立しようとする株式会社が種類株式発行会社である場合にあっては，設立時発行株式の種類及び種類ごとの数。第三十二条第一項第一号において同じ。）

二　株式会社の成立後に譲り受けることを約した財産及びその価額並びにその譲渡人の氏名又は名称

三　株式会社の成立により発起人が受ける報酬その他の特別の利益及びその発起人の氏名又は名称

四　株式会社の負担する設立に関する費用（定款の認証の手数料その他株式会社に損害を与えるおそれがないものとして法務省令で定めるものを除

142

く。）

第3節　出資

第34条〔出資の履行〕発起人は，設立時発行株式の引受け後遅滞なく，その引き受けた設立時発行株式につき，その出資に係る金銭の全額を払い込み，又はその出資に係る金銭以外の財産の全部を給付しなければならない。ただし，発起人全員の同意があるときは，登記，登録その他権利の設定又は移転を第三者に対抗するために必要な行為は，株式会社の成立後にすることを妨げない。

❷　前項の規定による払込みは，発起人が定めた銀行等（銀行（銀行法（昭和五十六年法律第五十九号）第二条第一項に規定する銀行をいう。第七百三条第一号において同じ。），信託会社（信託業法（平成十六年法律第百五十四号）第二条第二項に規定する信託会社をいう。以下同じ。）その他これに準ずるものとして法務省令で定めるものをいう。以下同じ。）の払込みの取扱いの場所においてしなければならない。

第36条〔設立時発行株式の株主となる権利の喪失〕❸　第一項の規定による通知を受けた発起人は，同項に規定する期日までに出資の履行をしないときは，当該出資の履行をすることにより設立時発行株式の株主となる権利を失う。

第7節　株式会社の成立

第49条〔株式会社の成立〕株式会社は，その本店の所在地において設立の登記をすることによって成立する。

第50条〔株式の引受人の権利〕発起人は，株式会社の成立の時に，出資の履行をした設立時発行株式の株主となる。

❷　前項の規定により株主となる権利の譲渡は，成立後の株式会社に対抗することができない。

第51条〔引受けの無効又は取消しの制限〕民法（明治二十九年法律第八十九号）第九十三条ただし書及び第九十四条第一項の規定は，設立時発行株式の引受けに係る意思表示については，適用しない。

❷　発起人は，株式会社の成立後は，錯誤を理由として設立時発行株式の引受けの無効を主張し，又は詐欺若しくは強迫を理由として設立時発行株式の引受けの取消しをすることができない。

第8節　発起人等の責任等

第53条〔発起人等の損害賠償責任〕発起人，設立時取締役又は設立時監査役は，株式会社の設立についてその任務を怠ったときは，当該株式会社に対し，これによって生じた損害を賠償する責任を負う。

❷　発起人，設立時取締役又は設立時監査役がその職務を行うについて悪意又は重大な過失があったときは，当該発起人，設立時取締役又は設立時監査役は，これによって第三者に生じた損害を賠償する責任を負う。

第56条〔株式会社不成立の場合の責任〕株式会社が成立しなかったとき
は、発起人は、連帯して、株式会社の設立に関してした行為についてその
責任を負い、株式会社の設立に関して支出した費用を負担する。

第9節　募集による設立……………………………………………………

第1款　設立時発行株式を引き受ける者の募集………………………

第57条〔設立時発行株式を引き受ける者の募集〕発起人は、この款の定
めるところにより、設立時発行株式を引き受ける者の募集をする旨を定め
ることができる。

第59条〔設立時募集株式の申込み〕発起人は、第五十七条第一項の募集
に応じて設立時募集株式の引受けの申込みをしようとする者に対し、次に
掲げる事項を通知しなければならない。

二　第二十七条各号、第二十八条各号、第三十二条第一項各号及び前条第
一項各号に掲げる事項

三　発起人が出資した財産の価額

❸　第五十七条第一項の募集に応じて設立時募集株式の引受けの申込みを
する者は、次に掲げる事項を記載した書面を発起人に交付しなければなら
ない。

一　申込みをする者の氏名又は名称及び住所

二　引き受けようとする設立時募集株式の数

第60条〔設立時募集株式の割当て〕発起人は、申込者の中から設立時募
集株式の割当てを受ける者を定め、かつ、その者に割り当てる設立時募集
株式の数を定めなければならない。この場合において、発起人は、当該申
込者に割り当てる設立時募集株式の数を、前条第三項第二号の数よりも減
少することができる。

第62条〔設立時募集株式の引受け〕次の各号に掲げる者は、当該各号に
定める設立時募集株式の数について設立時募集株式の引受人となる。

一　申込者　発起人の割り当てた設立時募集株式の数

第63条〔設立時募集株式の払込金額の払込み〕設立時募集株式の引受人
は、第五十八条第一項第三号の期日又は同号の期間内に、発起人が定めた
銀行等の払込みの取扱いの場所において、それぞれの設立時募集株式の払
込金額の全額の払込みを行わなければならない。

❸　設立時募集株式の引受人は、第一項の規定による払込みをしないとき
は、当該払込みをすることにより設立時募集株式の株主となる権利を失う。

第2款　創立総会等…………………………………………………………

第65条〔創立総会の招集〕第五十七条第一項の募集をする場合には、発
起人は、第五十八条第一項第三号の期日又は同号の期間の末日のうち最も
遅い日以後、遅滞なく、設立時株主（第五十条第一項又は第百二条第二項
の規定により株式会社の株主となる者をいう。以下同じ。）の総会（以下

「創立総会」という。）を招集しなければならない。

第66条〔創立総会の権限〕創立総会は，この節に規定する事項及び株式会社の設立の廃止，創立総会の終結その他株式会社の設立に関する事項に限り，決議をすることができる。

第73条〔創立総会の決議〕創立総会の決議は，当該創立総会において議決権を行使することができる設立時株主の議決権の過半数であって，出席した当該設立時株主の議決権の三分の二以上に当たる多数をもって行う。

第98条〔創立総会の決議による発行可能株式総数の定め〕第五十七条第一項の募集をする場合において，発行可能株式総数を定款で定めていないときは，株式会社の成立の時までに，創立総会の決議によって，定款を変更して発行可能株式総数の定めを設けなければならない。

第7款　設立手続等の特則等……………………………………………………

第102条〔設立手続等の特則〕❷　設立時募集株式の引受人は，株式会社の成立の時に，第六十三条第一項の規定による払込みを行った設立時発行株式の株主となる。

第2章　株式…………………………………………………………………………
第1節　総則…………………………………………………………………………

第104条〔株主の責任〕株主の責任は，その有する株式の引受価額を限度とする。

第105条〔株主の権利〕株主は，その有する株式につき次に掲げる権利その他この法律の規定により認められた権利を有する。

一　剰余金の配当を受ける権利

二　残余財産の分配を受ける権利

三　株主総会における議決権

❷　株主に前項第一号及び第二号に掲げる権利の全部を与えない旨の定款の定めは，その効力を有しない。

第107条〔株式の内容についての特別の定め〕株式会社は，その発行する全部の株式の内容として次に掲げる事項を定めることができる。

一　譲渡による当該株式の取得について当該株式会社の承認を要すること。

二　当該株式について，株主が当該株式会社に対してその取得を請求することができること。

三　当該株式について，当該株式会社が一定の事由が生じたことを条件としてこれを取得することができること。

第108条〔異なる種類の株式〕株式会社は，次に掲げる事項について異なる定めをした内容の異なる二以上の種類の株式を発行することができる。

一　剰余金の配当

二　残余財産の分配

本書関連の法律条文一覧 ▶ 145

三　株主総会において議決権を行使することができる事項

四　譲渡による当該種類の株式の取得について当該株式会社の承認を要することと。

五　当該種類の株式について，株主が当該株式会社に対してその取得を請求することができること。

六　当該種類の株式について，当該株式会社が一定の事由が生じたことを条件としてこれを取得することができること。

八　株主総会（取締役会設置会社にあっては株主総会又は取締役会，清算人会設置会社（第四百七十八条第八項に規定する清算人会設置会社をいう。以下この条において同じ。）にあっては株主総会又は清算人会）において決議すべき事項のうち，当該決議のほか，当該種類の株式の種類株主を構成員とする種類株主総会の決議があることを必要とするもの

第109条〔株主の平等〕株式会社は，株主を，その有する株式の内容及び数に応じて，平等に取り扱わなければならない。

❷　前項の規定にかかわらず，公開会社でない株式会社は，第百五条第一項各号に掲げる権利に関する事項について，株主ごとに異なる取扱いを行う旨を定款で定めることができる。

第113条〔発行可能株式総数〕株式会社は，定款を変更して発行可能株式総数についての定めを廃止することができない。

❸　次に掲げる場合には，当該定款の変更後の発行可能株式総数は，当該定款の変更が効力を生じた時における発行済株式の総数の四倍を超えることができない。

一　公開会社が定款を変更して発行可能株式総数を増加する場合

二　公開会社でない株式会社が定款を変更して公開会社となる場合

第115条〔議決権制限株式の発行数〕種類株式発行会社が公開会社である場合において，株主総会において議決権を行使することができる事項について制限のある種類の株式（以下この条において「議決権制限株式」という。）の数が発行済株式の総数の二分の一を超えるに至ったときは，株式会社は，直ちに，議決権制限株式の数を発行済株式の総数の二分の一以下にするための必要な措置をとらなければならない。

第116条〔反対株主の株式買取請求〕次の各号に掲げる場合には，反対株主は，株式会社に対し，自己の有する当該各号に定める株式を公正な価格で買い取ることを請求することができる。

二　ある種類の株式の内容として第百八条第一項第四号又は第七号に掲げる事項についての定めを設ける定款の変更をする場合　第百十一条第二項各号に規定する株式

第118条〔新株予約権買取請求〕次の各号に掲げる定款の変更をする場合には，当該各号に定める新株予約権の新株予約権者は，株式会社に対し，

自己の有する新株予約権を公正な価格で買い取ることを請求することができる。

一　その発行する全部の株式の内容として第百七条第一項第一号に掲げる事項についての定めを設ける定款の変更　全部の新株予約権

二　ある種類の株式の内容として第百八条第一項第四号又は第七号に掲げる事項についての定款の定めを設ける定款の変更　当該種類の株式を目的とする新株予約権

第2節　株主名簿··

第121条〔株主名簿〕株式会社は，株主名簿を作成し，これに次に掲げる事項（以下「株主名簿記載事項」という。）を記載し，又は記録しなければならない。

一　株主の氏名又は名称及び住所

二　前号の株主の有する株式の数（種類株式発行会社にあっては，株式の種類及び種類ごとの数）

三　第一号の株主が株式を取得した日

第124条〔基準日〕株式会社は，一定の日（以下この章において「基準日」という。）を定めて，基準日において株主名簿に記載され，又は記録されている株主（以下この条において「基準日株主」という。）をその権利を行使することができる者と定めることができる。

第125条〔株主名簿の備置き及び閲覧等〕株式会社は，株主名簿をその本店（株主名簿管理人がある場合にあっては，その営業所）に備え置かなければならない。

❷　株主及び債権者は，株式会社の営業時間内は，いつでも，次に掲げる請求をすることができる。この場合においては，当該請求の理由を明らかにしてしなければならない。

一　株主名簿が書面をもって作成されているときは，当該書面の閲覧又は謄写の請求

第126条〔株主に対する通知等〕株式会社が株主に対してする通知又は催告は，株主名簿に記載し，又は記録した当該株主の住所（当該株主が別に通知又は催告を受ける場所又は連絡先を当該株式会社に通知した場合にあっては，その場所又は連絡先）にあてて発すれば足りる。

第3節　株式の譲渡等··

第1款　株式の譲渡··

第127条〔株式の譲渡〕株主は，その有する株式を譲渡することができる。

第128条〔株券発行会社の株式の譲渡〕株券発行会社の株式の譲渡は，当該株式に係る株券を交付しなければ，その効力を生じない。ただし，自己株式の処分による株式の譲渡については，この限りでない。

❷　株券の発行前にした譲渡は，株券発行会社に対し，その効力を生じな

本書関連の法律条文一覧 ► 147

い。

第130条〔株式の譲渡の対抗要件〕株式の譲渡は，その株式を取得した者の氏名又は名称及び住所を株主名簿に記載し，又は記録しなければ，株式会社その他の第三者に対抗することができない。

第131条〔権利の推定等〕株券の占有者は，当該株券に係る株式についての権利を適法に有するものと推定する。

❷　株券の交付を受けた者は，当該株券に係る株式についての権利を取得する。ただし，その者に悪意又は重大な過失があるときは，この限りでない。

第133条〔株主の請求による株主名簿記載事項の記載又は記録〕株式を当該株式を発行した株式会社以外の者から取得した者（当該株式会社を除く。以下この節において「株式取得者」という。）は，当該株式会社に対し，当該株式に係る株主名簿記載事項を株主名簿に記載し，又は記録することを請求することができる。

第135条〔親会社株式の取得の禁止〕子会社は，その親会社である株式会社の株式（以下この条において「親会社株式」という。）を取得してはならない。

❷　前項の規定は，次に掲げる場合には，適用しない。

一　他の会社（外国会社を含む。）の事業の全部を譲り受ける場合において当該他の会社の有する親会社株式を譲り受ける場合

二　合併後消滅する会社から親会社株式を承継する場合

三　吸収分割により他の会社から親会社株式を承継する場合

四　新設分割により他の会社から親会社株式を承継する場合

第1款　株式の譲渡に係る承認手続·····························

第136条〔株主からの承認の請求〕譲渡制限株式の株主は，その有する譲渡制限株式を他人（当該譲渡制限株式を発行した株式会社を除く。）に譲り渡そうとするときは，当該株式会社に対し，当該他人が当該譲渡制限株式を取得することについて承認をするか否かの決定をすることを請求することができる。

第137条〔株式取得者からの承認の請求〕譲渡制限株式を取得した株式取得者は，株式会社に対し，当該譲渡制限株式を取得したことについて承認をするか否かの決定をすることを請求することができる。

第139条〔譲渡等の承認の決定等〕株式会社が第百三十六条又は第百三十七条第一項の承認をするか否かの決定をするには，株主総会（取締役会設置会社にあっては，取締役会）の決議によらなければならない。ただし，定款に別段の定めがある場合は，この限りでない。

第140条〔株式会社又は指定買取人による買取り〕株式会社は，第百三十八条第一号ハ又は第二号ハの請求を受けた場合において，第百三十六条又

は第百三十七条第一項の承認をしない旨の決定をしたときは，当該譲渡等承認請求に係る譲渡制限株式（以下この款において「対象株式」という。）を買い取らなければならない。この場合においては，次に掲げる事項を定めなければならない。

二　株式会社が買い取る対象株式の数（種類株式発行会社にあっては，対象株式の種類及び種類ごとの数）

❹　第一項の規定にかかわらず，同項に規定する場合には，株式会社は，対象株式の全部又は一部を買い取る者（以下この款において「指定買取人」という。）を指定することができる。

第4節　株式会社による自己の株式の取得……………………………………………

第1款　総則…………………………………………………………………………………

第155条 [自己株式の取得] 株式会社は，次に掲げる場合に限り，当該株式会社の株式を取得することができる。

一　第百七条第二項第三号イの事由が生じた場合

二　第百三十八条第一号ハ又は第二号ハの請求があった場合

四　第百六十六条第一項の規定による請求があった場合

七　第百九十二条第一項の規定による請求があった場合

十　他の会社（外国会社を含む。）の事業の全部を譲り受ける場合において当該他の会社が有する当該株式会社の株式を取得する場合

十一　合併後消滅する会社から当該株式会社の株式を承継する場合

十二　吸収分割をする会社から当該株式会社の株式を承継する場合

十三　前各号に掲げる場合のほか，法務省令で定める場合

第2款　株主との合意による取得………………………………………………………

第1目　総則

第156条〔株式の取得に関する事項の決定〕株式会社が株主との合意により当該株式会社の株式を有償で取得するには，あらかじめ，株主総会の決議によって，次に掲げる事項を定めなければならない。ただし，第三号の期間は，一年を超えることができない。

一　取得する株式の数（種類株式発行会社にあっては，株式の種類及び種類ごとの数）

二　株式を取得するのと引換えに交付する金銭等（当該株式会社の株式等を除く。以下この款において同じ。）の内容及びその総額

三　株式を取得することができる期間

第 3 款　取得請求権付株式及び取得条項付株式の取得……………………

第 1 目　取得請求権付株式の取得の請求

第 166 条〔取得の請求〕取得請求権付株式の株主は，株式会社に対して，当該株主の有する取得請求権付株式を取得することを請求することができる。

第 6 款　株式の消却………………………………………………………

第 178 条　[自己株式の消却] 株式会社は，自己株式を消却することができる。この場合においては，消却する自己株式の数 (種類株式発行会社にあっては，自己株式の種類及び種類ごとの数) を定めなければならない。

第 5 節　株式の併合等………………………………………………………

第 1 款　株式の併合………………………………………………………

第 180 条〔株式の併合〕株式会社は，株式の併合をすることができる。

❷　株式会社は，株式の併合をしようとするときは，その都度，株主総会の決議によって，次に掲げる事項を定めなければならない。

一　併合の割合

二　株式の併合がその効力を生ずる日 (以下この款において「効力発生日」という。)

三　株式会社が種類株式発行会社である場合には，併合する株式の種類

四　効力発生日における発行可能株式総数

第 2 款　株式の分割………………………………………………………

第 183 条〔株式の分割〕株式会社は，株式の分割をすることができる。

❷　株式会社は，株式の分割をしようとするときは，その都度，株主総会 (取締役会設置会社にあっては，取締役会) の決議によって，次に掲げる事項を定めなければならない。

一　株式の分割により増加する株式の総数の株式の分割前の発行済株式 (種類株式発行会社にあっては，第三号の種類の発行済株式) の総数に対する割合及び当該株式の分割に係る基準日

二　株式の分割がその効力を生ずる日

三　株式会社が種類株式発行会社である場合には，分割する株式の種類

第 3 款　株式無償割当て………………………………………………

第 185 条〔株式無償割当て〕株式会社は，株主 (種類株式発行会社にあっては，ある種類の種類株主) に対して新たに払込みをさせないで当該株式会社の株式の割当て (以下この款において「株式無償割当て」という。) をすることができる。

第 6 節　単元株式数………………………………………………………

第 1 款　総則………………………………………………………………

第 188 条〔単元株式数〕株式会社は，その発行する株式について，一定の数の株式をもって株主が株主総会又は種類株主総会において一個の議決権

150

を行使することができる一単元の株式とする旨を定款で定めることができる。

第189条〔単元未満株式についての権利の制限等〕単元株式数に満たない数の株式（以下「単元未満株式」という。）を有する株主（以下「単元未満株主」という。）は、その有する単元未満株式について、株主総会及び種類株主総会において議決権を行使することができない。

第2款　単元未満株主の買取請求……………………………………………

第192条〔単元未満株式の買取りの請求〕単元未満株主は、株式会社に対し、自己の有する単元未満株式を買い取ることを請求することができる。

第3款　単元未満株主の売渡請求……………………………………………

第194条［単元未満株式売渡請求］株式会社は、単元未満株主が当該株式会社に対して単元未満株式売渡請求（単元未満株主が有する単元未満株式の数と併せて単元株式数となる数の株式を当該単元未満株主に売り渡すことを請求することをいう。以下この条において同じ。）をすることができる旨を定款で定めることができる。

第8節　募集株式の発行等……………………………………………………

第1款　募集事項の決定等……………………………………………………

第199条〔募集事項の決定〕株式会社は、その発行する株式又はその処分する自己株式を引き受ける者の募集をしようとするときは、その都度、募集株式（当該募集に応じてこれらの株式の引受けの申込みをした者に対して割り当てる株式をいう。以下この節において同じ。）について次に掲げる事項を定めなければならない。

一　募集株式の数（種類株式発行会社にあっては、募集株式の種類及び数。以下この節において同じ。）

五　株式を発行するときは、増加する資本金及び資本準備金に関する事項

❷　前項各号に掲げる事項（以下この節において「募集事項」という。）の決定は、株主総会の決議によらなければならない。

❸　第一項第二号の払込金額が募集株式を引き受ける者に特に有利な金額である場合には、取締役は、前項の株主総会において、当該払込金額でその者の募集をすることを必要とする理由を説明しなければならない。

第202条〔株主に株式の割当てを受ける権利を与える場合〕株式会社は、第百九十九条第一項の募集において、株主に株式の割当てを受ける権利を与えることができる。この場合においては、募集事項のほか、次に掲げる事項を定めなければならない。

一　株主に対し、次条第二項の申込みをすることにより当該株式会社の募集株式（種類株式発行会社にあっては、当該株主の有する種類の株式と同一の種類のもの）の割当てを受ける権利を与える旨

第4款　出資の履行等……………………………………………………………

本書関連の法律条文一覧 ▶ 151

第208条〔出資の履行〕❺募集株式の引受人は，出資の履行をしないとき
は，当該出資の履行をすることにより募集株式の株主となる権利を失う。

第209条〔株主となる時期等〕募集株式の引受人は，次の各号に掲げる場
合には，当該各号に定める日に，出資の履行をした募集株式の株主となる。

一　第百九十九条第一項第四号の期日を定めた場合　当該期日

二　第百九十九条第一項第四号の期間を定めた場合　出資の履行をした日

❷　募集株式の引受人は，第二百十三条の二第一項各号に掲げる場合には，
当該各号に定める支払若しくは給付又は第二百十三条の三第一項の規定に
よる支払がされた後でなければ，出資の履行を仮装した募集株式について，
株主の権利を行使することができない。

❸　前項の募集株式を譲り受けた者は，当該募集株式についての株主の権
利を行使することができる。ただし，その者に悪意又は重大な過失がある
ときは，この限りでない。

第9節　株券 ⋯⋯⋯⋯⋯⋯⋯⋯⋯⋯⋯⋯⋯⋯⋯⋯⋯⋯⋯⋯⋯⋯⋯⋯⋯
第1款　総則 ⋯⋯⋯⋯⋯⋯⋯⋯⋯⋯⋯⋯⋯⋯⋯⋯⋯⋯⋯⋯⋯⋯⋯⋯⋯

第214条〔株券を発行する旨の定款の定め〕株式会社は，その株式（種類
株式発行会社にあっては，全部の種類の株式）に係る株券を発行する旨を
定款で定めることができる。

第215条〔株券の発行〕株券発行会社は，株式を発行した日以後遅滞なく，
当該株式に係る株券を発行しなければならない。

❷　株券発行会社は，株式の併合をしたときは，第百八十条第二項第二号
の日以後遅滞なく，併合した株式に係る株券を発行しなければならない。

❸　株券発行会社は，株式の分割をしたときは，第百八十三条第二項第二
号の日以後遅滞なく，分割した株式に係る株券（既に発行されているもの
を除く。）を発行しなければならない。

第217条〔株券不所持の申出〕株券発行会社の株主は，当該株券発行会社
に対し，当該株主の有する株式に係る株券の所持を希望しない旨を申し出
ることができる。

第2款　株券の提出等 ⋯⋯⋯⋯⋯⋯⋯⋯⋯⋯⋯⋯⋯⋯⋯⋯⋯⋯⋯⋯⋯

第219条〔株券の提出に関する公告等〕株券発行会社は，次の各号に掲げ
る行為をする場合には，当該行為の効力が生ずる日（第四号の二に掲げる
行為をする場合にあっては，第百七十九条の二第一項第五号に規定する取
得日。以下この条において「株券提出日」という。）までに当該株券発行
会社に対し当該各号に定める株式に係る株券を提出しなければならない旨
を株券提出日の一箇月前までに，公告し，かつ，当該株式の株主及びその
登録株式質権者には，各別にこれを通知しなければならない。ただし，当
該株式の全部について株券を発行していない場合は，この限りでない。

二　株式の併合　全部の株式（種類株式発行会社にあっては，第百八十条

152

第二項第三号の種類の株式)

八　株式移転　全部の株式

第3款　株券喪失登録

第223条〔株券喪失登録の請求〕株券を喪失した者は，法務省令で定めるところにより，株券発行会社に対し，当該株券についての株券喪失登録簿記載事項を株券喪失登録簿に記載し，又は記録すること（以下「株券喪失登録」という。）を請求することができる。

第228条〔株券の無効〕株券喪失登録（抹消されたものを除く。）がされた株券は，株券喪失登録日の翌日から起算して一年を経過した日に無効となる。

❷　前項の規定により株券が無効となった場合には，株券発行会社は，当該株券についての株券喪失登録者に対し，株券を再発行しなければならない。

第3章　新株予約権

第2節　新株予約権の発行

第1款　募集事項の決定等

第238条〔募集事項の決定〕株式会社は，その発行する新株予約権を引き受ける者の募集をしようとするときは，その都度，募集新株予約権（当該募集に応じて当該新株予約権の引受けの申込みをした者に対して割り当てる新株予約権をいう。以下この章において同じ。）について次に掲げる事項（以下この節において「募集事項」という。）を定めなければならない。

一　募集新株予約権の内容及び数

二　募集新株予約権と引換えに金銭の払込みを要しないこととする場合には，その旨

三　前号に規定する場合以外の場合には，募集新株予約権の払込金額（募集新株予約権一個と引換えに払い込む金銭の額をいう。以下この章において同じ。）又はその算定方法

第241条〔株主に新株予約権の割当てを受ける権利を与える場合〕株式会社は，第二百三十八条第一項の募集において，株主に新株予約権の割当てを受ける権利を与えることができる。この場合においては，募集事項のほか，次に掲げる事項を定めなければならない。

一　株主に対し，次条第二項の申込みをすることにより当該株式会社の募集新株予約権（種類株式発行会社にあっては，その目的である株式の種類が当該株主の有する種類の株式と同一の種類のもの）の割当てを受ける権利を与える旨

第6節　新株予約権無償割当て

第277条〔新株予約権無償割当て〕株式会社は，株主（種類株式発行会社

にあっては，ある種類の種類株主）に対して新たに払込みをさせないで当該株式会社の新株予約権の割当て（以下この節において「新株予約権無償割当て」という。）をすることができる。

い。

第7節　新株予約権の行使……………………………………………………
第1款　総則……………………………………………………………………

第280条〔新株予約権の行使〕新株予約権の行使は，次に掲げる事項を明らかにしてしなければならない。

一　その行使に係る新株予約権の内容及び数

二　新株予約権を行使する日

❻　株式会社は，自己新株予約権を行使することができない。

第282条〔株主となる時期等〕新株予約権を行使した新株予約権者は，当該新株予約権を行使した日に，当該新株予約権の目的である株式の株主となる。

第4款　雑則……………………………………………………………………

第287条〔新株予約権の消滅〕第二百七十六条第一項の場合のほか，新株予約権者がその有する新株予約権を行使することができなくなったときは，当該新株予約権は，消滅する。

第4章　機関……………………………………………………………………
第1節　株主総会及び種類株主総会……………………………………………
第1款　株主総会………………………………………………………………

第295条〔株主総会の権限〕株主総会は，この法律に規定する事項及び株式会社の組織，運営，管理その他株式会社に関する一切の事項について決議をすることができる。

❷　前項の規定にかかわらず，取締役会設置会社においては，株主総会は，この法律に規定する事項及び定款で定めた事項に限り，決議をすることができる。

❸　この法律の規定により株主総会の決議を必要とする事項について，取締役，執行役，取締役会その他の株主総会以外の機関が決定することができることを内容とする定款の定めは，その効力を有しない。

第296条〔株主総会の招集〕定時株主総会は，毎事業年度の終了後一定の時期に招集しなければならない。

❷　株主総会は，必要がある場合には，いつでも，招集することができる。

❸　株主総会は，次条第四項の規定により招集する場合を除き，取締役が招集する。

第297条〔株主による招集の請求〕総株主の議決権の百分の三（これを下回る割合を定款で定めた場合にあっては，その割合）以上の議決権を六箇

月（これを下回る期間を定款で定めた場合にあっては，その期間）前から引き続き有する株主は，取締役に対し，株主総会の目的である事項（当該株主が議決権を行使することができる事項に限る。）及び招集の理由を示して，株主総会の招集を請求することができる。

❸　第一項の株主総会の目的である事項について議決権を行使することができない株主が有する議決権の数は，同項の総株主の議決権の数に算入しない。

❹　次に掲げる場合には，第一項の規定による請求をした株主は，裁判所の許可を得て，株主総会を招集することができる。

一　第一項の規定による請求の後遅滞なく招集の手続が行われない場合

二　第一項の規定による請求があった日から八週間（これを下回る期間を定款で定めた場合にあっては，その期間）以内の日を株主総会の日とする株主総会の招集の通知が発せられない場合

第298条〔株主総会の招集の決定〕取締役（前条第四項の規定により株主が株主総会を招集する場合にあっては，当該株主。次項本文及び次条から第三百二条までにおいて同じ。）は，株主総会を招集する場合には，次に掲げる事項を定めなければならない。

一　株主総会の日時及び場所

二　株主総会の目的である事項があるときは，当該事項

三　株主総会に出席しない株主が書面によって議決権を行使することができることとするときは，その旨

四　株主総会に出席しない株主が電磁的方法によって議決権を行使することができることとするときは，その旨

五　前各号に掲げるもののほか，法務省令で定める事項

第299条〔株主総会の招集の通知〕株主総会を招集するには，取締役は，株主総会の日の二週間（前条第一項第三号又は第四号に掲げる事項を定めたときを除き，公開会社でない株式会社にあっては，一週間（当該株式会社が取締役会設置会社以外の株式会社である場合において，これを下回る期間を定款で定めた場合にあっては，その期間））前までに，株主に対してその通知を発しなければならない。

第303条〔株主提案権〕株主は，取締役に対し，一定の事項（当該株主が議決権を行使することができる事項に限る。次項において同じ。）を株主総会の目的とすることを請求することができる。

❷　前項の規定にかかわらず，取締役会設置会社においては，総株主の議決権の百分の一（これを下回る割合を定款で定めた場合にあっては，その割合）以上の議決権又は三百個（これを下回る数を定款で定めた場合にあっては，その個数）以上の議決権を六箇月（これを下回る期間を定款で定めた場合にあっては，その期間）前から引き続き有する株主に限り，取締役

本書関連の法律条文一覧 ▶ 155

に対し，一定の事項を株主総会の目的とすることを請求することができる。この場合において，その請求は，株主総会の日の八週間（これを下回る期間を定款で定めた場合にあっては，その期間）前までにしなければならない。

第304条［株主提案権・その2］株主は，株主総会において，株主総会の目的である事項（当該株主が議決権を行使することができる事項に限る。次条第一項において同じ。）につき議案を提出することができる。ただし，当該議案が法令若しくは定款に違反する場合又は実質的に同一の議案につき株主総会において総株主（当該議案について議決権を行使することができない株主を除く。）の議決権の十分の一（これを下回る割合を定款で定めた場合にあっては，その割合）以上の賛成を得られなかった日から三年を経過していない場合は，この限りでない。

第306条〔株主総会の招集手続等に関する検査役の選任〕株式会社又は総株主（株主総会において決議をすることができる事項の全部につき議決権を行使することができない株主を除く。）の議決権の百分の一（これを下回る割合を定款で定めた場合にあっては，その割合）以上の議決権を有する株主は，株主総会に係る招集の手続及び決議の方法を調査させるため，当該株主総会に先立ち，裁判所に対し，検査役の選任の申立てをすることができる。

第308条〔議決権の数〕株主（株式会社がその総株主の議決権の四分の一以上を有することその他の事由を通じて株式会社がその経営を実質的に支配することが可能な関係にあるものとして法務省令で定める株主を除く。）は，株主総会において，その有する株式一株につき一個の議決権を有する。ただし，単元株式数を定款で定めている場合には，一単元の株式につき一個の議決権を有する。

❷　前項の規定にかかわらず，株式会社は，自己株式については，議決権を有しない。

第309条〔株主総会の決議〕株主総会の決議は，定款に別段の定めがある場合を除き，議決権を行使することができる株主の議決権の過半数を有する株主が出席し，出席した当該株主の議決権の過半数をもって行う。

❷　前項の規定にかかわらず，次に掲げる株主総会の決議は，当該株主総会において議決権を行使することができる株主の議決権の過半数（三分の一以上の割合を定款で定めた場合にあっては，その割合以上）を有する株主が出席し，出席した当該株主の議決権の三分の二（これを上回る割合を定款で定めた場合にあっては，その割合）以上に当たる多数をもって行わなければならない。この場合においては，当該決議の要件に加えて，一定の数以上の株主の賛成を要する旨その他の要件を定款で定めることを妨げない。

五　第百九十九条第二項，第二百条第一項，第二百二条第三項第四号，第二百四条第二項及び第二百五条第二項の株主総会

六　第二百三十八条第二項，第二百三十九条第一項，第二百四十一条第三項第四号，第二百四十三条第二項及び第二百四十四条第三項の株主総会

七　第三百三十九条第一項の株主総会（第三百四十二条第三項から第五項までの規定により選任された取締役（監査等委員である取締役を除く。）を解任する場合又は監査等委員である取締役若しくは監査役を解任する場合に限る。）

八　第四百二十五条第一項の株主総会

十　第四百五十四条第四項の株主総会（配当財産が金銭以外の財産であり，かつ，株主に対して同項第一号に規定する金銭分配請求権を与えないこととする場合に限る。）

十一　第六章から第八章までの規定により株主総会の決議を要する場合における当該株主総会

十二　第五編の規定により株主総会の決議を要する場合における当該株主総会

❸　前二項の規定にかかわらず，次に掲げる株主総会（種類株式発行会社の株主総会を除く。）の決議は，当該株主総会において議決権を行使することができる株主の半数以上（これを上回る割合を定款で定めた場合にあっては，その割合以上）であって，当該株主の議決権の三分の二（これを上回る割合を定款で定めた場合にあっては，その割合）以上に当たる多数をもって行わなければならない。

一　その発行する全部の株式の内容として譲渡による当該株式の取得について当該株式会社の承認を要する旨の定款の定めを設ける定款の変更を行う株主総会

三　第八百四条第一項の株主総会（合併又は株式移転をする株式会社が公開会社であり，かつ，当該株式会社の株主に対して交付する金銭等の全部又は一部が譲渡制限株式等である場合における当該株主総会に限る。）

❹　前三項の規定にかかわらず，第百九条第二項の規定による定款の定めについての定款の変更（当該定款の定めを廃止するものを除く。）を行う株主総会の決議は，総株主の半数以上（これを上回る割合を定款で定めた場合にあっては，その割合以上）であって，総株主の議決権の四分の三（これを上回る割合を定款で定めた場合にあっては，その割合）以上に当たる多数をもって行わなければならない。

第313条〔議決権の不統一行使〕株主は，その有する議決権を統一しないで行使することができる。

❸　株式会社は，第一項の株主が他人のために株式を有する者でないときは，当該株主が同項の規定によりその有する議決権を統一しないで行使す

本書関連の法律条文一覧 ▶ 157

ることを拒むことができる。

第314条〔取締役等の説明義務〕取締役，会計参与，監査役及び執行役は，株主総会において，株主から特定の事項について説明を求められた場合には，当該事項について必要な説明をしなければならない。

第2款　種類株主総会··

第321条〔種類株主総会の権限〕種類株主総会は，この法律に規定する事項及び定款で定めた事項に限り，決議をすることができる。

第2節　株主総会以外の機関の設置··

第326条〔株主総会以外の機関の設置〕株式会社には，一人又は二人以上の取締役を置かなければならない。

❷　株式会社は，定款の定めによって，取締役会，会計参与，監査役，監査役会，会計監査人，監査等委員会又は指名委員会等を置くことができる。

第327条〔取締役会等の設置義務等〕次に掲げる株式会社は，取締役会を置かなければならない。

一　公開会社

二　監査役会設置会社

三　監査等委員会設置会社

四　指名委員会等設置会社

❷　取締役会設置会社（監査等委員会設置会社及び指名委員会等設置会社を除く。）は，監査役を置かなければならない。ただし，公開会社でない会計参与設置会社については，この限りでない。

❸　会計監査人設置会社（監査等委員会設置会社及び指名委員会等設置会社を除く。）は，監査役を置かなければならない。

❹　監査等委員会設置会社及び指名委員会等設置会社は，監査役を置いてはならない。

❺　監査等委員会設置会社及び指名委員会等設置会社は，会計監査人を置かなければならない。

❻　指名委員会等設置会社は，監査等委員会を置いてはならない。

第328条〔大会社における監査役会等の設置義務〕大会社（公開会社でないもの，監査等委員会設置会社及び指名委員会等設置会社を除く。）は，監査役会及び会計監査人を置かなければならない。

❷　公開会社でない大会社は，会計監査人を置かなければならない。

第3節　役員及び会計監査人の選任及び解任··
第1款　選任··

第329条〔選任〕役員（取締役，会計参与及び監査役をいう。以下この節，第三百七十一条第四項及び第三百九十四条第三項において同じ。）及び会計監査人は，株主総会の決議によって選任する。

❷　監査等委員会設置会社においては，前項の規定による取締役の選任は，

監査等委員である取締役とそれ以外の取締役とを区別してしなければならない。

第330条〔株式会社と役員等との関係〕株式会社と役員及び会計監査人との関係は、委任に関する規定に従う。

第331条〔取締役の資格等〕次に掲げる者は、取締役となることができない。

一　法人

❷　株式会社は、取締役が株主でなければならない旨を定款で定めることができない。ただし、公開会社でない株式会社においては、この限りでない。

❸　監査等委員である取締役は、監査等委員会設置会社若しくはその子会社の業務執行取締役若しくは支配人その他の使用人又は当該子会社の会計参与（会計参与が法人であるときは、その職務を行うべき社員）若しくは執行役を兼ねることができない。

❹　指名委員会等設置会社の取締役は、当該指名委員会等設置会社の支配人その他の使用人を兼ねることができない。

❺　取締役会設置会社においては、取締役は、三人以上でなければならない。

❻　監査等委員会設置会社においては、監査等委員である取締役は、三人以上で、その過半数は、社外取締役でなければならない。

第332条〔取締役の任期〕取締役の任期は、選任後二年以内に終了する事業年度のうち最終のものに関する定時株主総会の終結の時までとする。ただし、定款又は株主総会の決議によって、その任期を短縮することを妨げない。

❷　前項の規定は、公開会社でない株式会社（監査等委員会設置会社及び指名委員会等設置会社を除く。）において、定款によって、同項の任期を選任後十年以内に終了する事業年度のうち最終のものに関する定時株主総会の終結の時まで伸長することを妨げない。

❸　監査等委員会設置会社の取締役（監査等委員であるものを除く。）についての第一項の規定の適用については、同項中「二年」とあるのは、「一年」とする。

❹　監査等委員である取締役の任期については、第一項ただし書の規定は、適用しない。

❺　第一項本文の規定は、定款によって、任期の満了前に退任した監査等委員である取締役の補欠として選任された監査等委員である取締役の任期を退任した監査等委員である取締役の任期の満了する時までとすることを妨げない。

❻　指名委員会等設置会社の取締役についての第一項の規定の適用につい

ては，同項中「二年」とあるのは，「一年」とする。

第333条〔会計参与の資格等〕会計参与は，公認会計士若しくは監査法人又は税理士若しくは税理士法人でなければならない。

第335条〔監査役の資格等〕第三百三十一条第一項及び第二項の規定は，監査役について準用する。

❷　監査役は，株式会社若しくはその子会社の取締役若しくは支配人その他の使用人又は当該子会社の会計参与（会計参与が法人であるときは，その職務を行うべき社員）若しくは執行役を兼ねることができない。

❸　監査役会設置会社においては，監査役は，三人以上で，そのうち半数以上は，社外監査役でなければならない。

第336条〔監査役の任期〕監査役の任期は，選任後四年以内に終了する事業年度のうち最終のものに関する定時株主総会の終結の時までとする。

❷　前項の規定は，公開会社でない株式会社において，定款によって，同項の任期を選任後十年以内に終了する事業年度のうち最終のものに関する定時株主総会の終結の時まで伸長することを妨げない。

第337条〔会計監査人の資格等〕会計監査人は，公認会計士又は監査法人でなければならない。

第338条〔会計監査人の任期〕会計監査人の任期は，選任後一年以内に終了する事業年度のうち最終のものに関する定時株主総会の終結の時までとする。

第4節　取締役

第348条〔業務の執行〕取締役は，定款に別段の定めがある場合を除き，株式会社（取締役会設置会社を除く。以下この条において同じ。）の業務を執行する。

第349条〔株式会社の代表〕取締役は，株式会社を代表する。ただし，他に代表取締役その他株式会社を代表する者を定めた場合は，この限りでない。

❸　株式会社（取締役会設置会社を除く。）は，定款，定款の定めに基づく取締役の互選又は株主総会の決議によって，取締役の中から代表取締役を定めることができる。

❹　代表取締役は，株式会社の業務に関する一切の裁判上又は裁判外の行為をする権限を有する。

❺　前項の権限に加えた制限は，善意の第三者に対抗することができない。

第350条〔代表者の行為についての損害賠償責任〕株式会社は，代表取締役その他の代表者がその職務を行うについて第三者に加えた損害を賠償する責任を負う。

第352条〔取締役の職務を代行する者の権限〕民事保全法（平成元年法律第九十一号）第五十六条に規定する仮処分命令により選任された取締役又

は代表取締役の職務を代行する者は，仮処分命令に別段の定めがある場合を除き，株式会社の常務に属しない行為をするには，裁判所の許可を得なければならない。

第355条〔忠実義務〕取締役は，法令及び定款並びに株主総会の決議を遵守し，株式会社のため忠実にその職務を行わなければならない。

第356条〔競業及び利益相反取引の制限〕取締役は，次に掲げる場合には，株主総会において，当該取引につき重要な事実を開示し，その承認を受けなければならない。

一　取締役が自己又は第三者のために株式会社の事業の部類に属する取引をしようとするとき。

二　取締役が自己又は第三者のために株式会社と取引をしようとするとき。

三　株式会社が取締役の債務を保証することその他取締役以外の者との間において株式会社と当該取締役との利益が相反する取引をしようとするとき。

第360条〔株主による取締役の行為の差止め〕六箇月（これを下回る期間を定款で定めた場合にあっては，その期間）前から引き続き株式を有する株主は，取締役が株式会社の目的の範囲外の行為その他法令若しくは定款に違反する行為をし，又はこれらの行為をするおそれがある場合において，当該行為によって当該株式会社に著しい損害が生ずるおそれがあるときは，当該取締役に対し，当該行為をやめることを請求することができる。

第5節　取締役会　……………………………………………………………………

第1款　権限等　……………………………………………………………………

第362条〔取締役会の権限等〕取締役会は，すべての取締役で組織する。

❷　取締役会は，次に掲げる職務を行う。

一　取締役会設置会社の業務執行の決定

二　取締役の職務の執行の監督

三　代表取締役の選定及び解職

❸　取締役会は，取締役の中から代表取締役を選定しなければならない。

❹　取締役会は，次に掲げる事項その他の重要な業務執行の決定を取締役に委任することができない。

二　多額の借財

三　支配人その他の重要な使用人の選任及び解任

第363条〔取締役会設置会社の取締役の権限〕❷　前項各号に掲げる取締役は，三箇月に一回以上，自己の職務の執行の状況を取締役会に報告しなければならない。

第2款　運営　……………………………………………………………………

第366条〔招集権者〕取締役会は，各取締役が招集する。ただし，取締役会を招集する取締役を定款又は取締役会で定めたときは，その取締役が招

本書関連の法律条文一覧 ▶ 161

集する。

第367条〔株主による招集の請求〕取締役会設置会社（監査役設置会社，監査等委員会設置会社及び指名委員会等設置会社を除く。）の株主は，取締役が取締役会設置会社の目的の範囲外の行為その他法令若しくは定款に違反する行為をし，又はこれらの行為をするおそれがあると認めるときは，取締役会の招集を請求することができる。

第369条〔取締役会の決議〕取締役会の決議は，議決に加わることができる取締役の過半数（これを上回る割合を定款で定めた場合にあっては，その割合以上）が出席し，その過半数（これを上回る割合を定款で定めた場合にあっては，その割合以上）をもって行う。

❷　前項の決議について特別の利害関係を有する取締役は，議決に加わることができない。

❸　取締役会の議事については，法務省令で定めるところにより，議事録を作成し，議事録が書面をもって作成されているときは，出席した取締役及び監査役は，これに署名し，又は記名押印しなければならない。

❺　取締役会の決議に参加した取締役であって第三項の議事録に異議をとどめないものは，その決議に賛成したものと推定する。

第373条〔特別取締役による取締役会の決議〕第三百六十九条第一項の規定にかかわらず，取締役会設置会社（指名委員会等設置会社を除く。）が次に掲げる要件のいずれにも該当する場合（監査等委員会設置会社にあっては，第三百九十九条の十三第五項に規定する場合又は同条第六項の規定による定款の定めがある場合を除く。）には，取締役会は，第三百六十二条第四項第一号及び第二号又は第三百九十九条の十三第四項第一号及び第二号に掲げる事項についての取締役会の決議については，あらかじめ選定した三人以上の取締役（以下この章において「特別取締役」という。）のうち，議決に加わることができるものの過半数（これを上回る割合を取締役会で定めた場合にあっては，その割合以上）が出席し，その過半数（これを上回る割合を取締役会で定めた場合にあっては，その割合以上）をもって行うことができる旨を定めることができる。

一　取締役の数が六人以上であること。

二　取締役のうち一人以上が社外取締役であること。

第6節　会計参与……………………………………………………………………

第374条〔会計参与の権限〕会計参与は，取締役と共同して，計算書類（第四百三十五条第二項に規定する計算書類をいう。以下この章において同じ。）及びその附属明細書，臨時計算書類（第四百四十一条第一項に規定する臨時計算書類をいう。以下この章において同じ。）並びに連結計算書類（第四百四十四条第一項に規定する連結計算書類をいう。第三百九十六条第一項において同じ。）を作成する。この場合において，会計参与は，

法務省令で定めるところにより，会計参与報告を作成しなければならない。

第375条〔会計参与の報告義務〕会計参与は，その職務を行うに際して取締役の職務の執行に関し不正の行為又は法令若しくは定款に違反する重大な事実があることを発見したときは，遅滞なく，これを株主（監査役設置会社にあっては，監査役）に報告しなければならない。

第376条〔取締役会への出席〕取締役会設置会社の会計参与（会計参与が監査法人又は税理士法人である場合にあっては，その職務を行うべき社員。以下この条において同じ。）は，第四百三十六条第三項，第四百四十一条第三項又は第四百四十四条第五項の承認をする取締役会に出席しなければならない。この場合において，会計参与は，必要があると認めるときは，意見を述べなければならない。

第377条〔株主総会における意見の陳述〕第三百七十四条第一項に規定する書類の作成に関する事項について会計参与が取締役と意見を異にするときは，会計参与（会計参与が監査法人又は税理士法人である場合にあっては，その職務を行うべき社員）は，株主総会において意見を述べることができる。

第378条〔会計参与による計算書類等の備置き等〕会計参与は，次の各号に掲げるものを，当該各号に定める期間，法務省令で定めるところにより，当該会計参与が定めた場所に備え置かなければならない。

一　各事業年度に係る計算書類及びその附属明細書並びに会計参与報告
定時株主総会の日の一週間（取締役会設置会社にあっては，二週間）前の日（第三百十九条第一項の場合にあっては，同項の提案があった日）から五年間

第7節　監査役

第381条〔監査役の権限〕監査役は，取締役（会計参与設置会社にあっては，取締役及び会計参与）の職務の執行を監査する。この場合において，監査役は，法務省令で定めるところにより，監査報告を作成しなければならない。

❷　監査役は，いつでも，取締役及び会計参与並びに支配人その他の使用人に対して事業の報告を求め，又は監査役設置会社の業務及び財産の状況の調査をすることができる。

第382条〔取締役への報告義務〕監査役は，取締役が不正の行為をし，若しくは当該行為をするおそれがあると認めるとき，又は法令若しくは定款に違反する事実若しくは著しく不当な事実があると認めるときは，遅滞なく，その旨を取締役（取締役会設置会社にあっては，取締役会）に報告しなければならない。

第383条〔取締役会への出席義務等〕監査役は，取締役会に出席し，必要があると認めるときは，意見を述べなければならない。ただし，監査役が

本書関連の法律条文一覧 ▶ 163

二人以上ある場合において，第三百七十三条第一項の規定による特別取締役による議決の定めがあるときは，監査役の互選によって，監査役の中から特に同条第二項の取締役会に出席する監査役を定めることができる。

❷　監査役は，前条に規定する場合において，必要があると認めるときは，取締役（第三百六十六条第一項ただし書に規定する場合にあっては，招集権者）に対し，取締役会の招集を請求することができる。

第384条〔株主総会に対する報告義務〕監査役は，取締役が株主総会に提出しようとする議案，書類その他法務省令で定めるものを調査しなければならない。この場合において，法令若しくは定款に違反し，又は著しく不当な事項があると認めるときは，その調査の結果を株主総会に報告しなければならない。

第385条〔監査役による取締役の行為の差止め〕監査役は，取締役が監査役設置会社の目的の範囲外の行為その他法令若しくは定款に違反する行為をし，又はこれらの行為をするおそれがある場合において，当該行為によって当該監査役設置会社に著しい損害が生ずるおそれがあるときは，当該取締役に対し，当該行為をやめることを請求することができる。

第387条〔監査役の報酬等〕監査役の報酬等は，定款にその額を定めていないときは，株主総会の決議によって定める。

第8節　監査役会……………………………………………………………………

第1款　権限等…………………………………………………………………………

第390条〔監査役会の権限等〕監査役会は，すべての監査役で組織する。

第2款　運営……………………………………………………………………………

第391条〔招集権者〕監査役会は，各監査役が招集する。

第393条〔監査役会の決議〕監査役会の決議は，監査役の過半数をもって行う。

❷　監査役会の議事については，法務省令で定めるところにより，議事録を作成し，議事録が書面をもって作成されているときは，出席した監査役は，これに署名し，又は記名押印しなければならない。

❹　監査役会の決議に参加した監査役であって第二項の議事録に異議をとどめないものは，その決議に賛成したものと推定する。

第394条〔議事録〕監査役会設置会社は，監査役会の日から十年間，前条第二項の議事録をその本店に備え置かなければならない。

第9節　会計監査人…………………………………………………………………

第396条〔会計監査人の権限等〕会計監査人は，次章の定めるところにより，株式会社の計算書類及びその附属明細書，臨時計算書類並びに連結計算書類を監査する。この場合において，会計監査人は，法務省令で定めるところにより，会計監査報告を作成しなければならない。

❷　会計監査人は，いつでも，次に掲げるものの閲覧及び謄写をし，又は

取締役及び会計参与並びに支配人その他の使用人に対し，会計に関する報告を求めることができる。

一　会計帳簿又はこれに関する資料が書面をもって作成されているときは，当該書面

第397条〔監査役に対する報告〕会計監査人は，その職務を行うに際して取締役の職務の執行に関し不正の行為又は法令若しくは定款に違反する重大な事実があることを発見したときは，遅滞なく，これを監査役に報告しなければならない。

第398条〔定時株主総会における会計監査人の意見の陳述〕第三百九十六条第一項に規定する書類が法令又は定款に適合するかどうかについて会計監査人が監査役と意見を異にするときは，会計監査人（会計監査人が監査法人である場合にあっては，その職務を行うべき社員。次項において同じ。）は，定時株主総会に出席して意見を述べることができる。

第399条〔会計監査人の報酬等の決定に関する監査役の関与〕取締役は，会計監査人又は一時会計監査人の職務を行うべき者の報酬等を定める場合には，監査役（監査役が二人以上ある場合にあっては，その過半数）の同意を得なければならない。

第9節の2　監査等委員会

第1款　権限等

第399条の2〔監査等委員会の権限等〕監査等委員会は，全ての監査等委員で組織する。

❷　監査等委員は，取締役でなければならない。

第2款　運営

第399条の10〔監査等委員会の決議〕監査等委員会の決議は，議決に加わることができる監査等委員の過半数が出席し，その過半数をもって行う。

第10節　指名委員会等及び執行役

第1款　委員の選定，執行役の選任等

第400条〔委員の選定等〕指名委員会，監査委員会又は報酬委員会の各委員会（以下この条，次条及び第九百十一条第三項第二十三号ロにおいて単に「各委員会」という。）は，委員三人以上で組織する。

❷　各委員会の委員は，取締役の中から，取締役会の決議によって選定する。

❸　各委員会の委員の過半数は，社外取締役でなければならない。

第402条〔執行役の選任等〕指名委員会等設置会社には，一人又は二人以上の執行役を置かなければならない。

❷　執行役は，取締役会の決議によって選任する。

❼　執行役の任期は，選任後一年以内に終了する事業年度のうち最終のものに関する定時株主総会の終結後最初に招集される取締役会の終結の時ま

でとする。ただし，定款によって，その任期を短縮することを妨げない。

第2款　委員会の権限等

第404条〔委員会の権限等〕指名委員会は，株主総会に提出する取締役（会計参与設置会社にあっては，取締役及び会計参与）の選任及び解任に関する議案の内容を決定する。

❷　監査委員会は，次に掲げる職務を行う。

一　執行役等（執行役及び取締役をいい，会計参与設置会社にあっては，執行役，取締役及び会計参与をいう。以下この節において同じ。）の職務の執行の監査及び監査報告の作成

二　株主総会に提出する会計監査人の選任及び解任並びに会計監査人を再任しないことに関する議案の内容の決定

❸　報酬委員会は，第三百六十一条第一項並びに第三百七十九条第一項及び第二項の規定にかかわらず，執行役等の個人別の報酬等の内容を決定する。執行役が指名委員会等設置会社の支配人その他の使用人を兼ねているときは，当該支配人その他の使用人の報酬等の内容についても，同様とする。

第5款　執行役の権限等

第420条〔代表執行役〕取締役会は，執行役の中から代表執行役を選定しなければならない。この場合において，執行役が一人のときは，その者が代表執行役に選定されたものとする。

第11節　役員等の損害賠償責任

第423条〔役員等の株式会社に対する損害賠償責任〕取締役，会計参与，監査役，執行役又は会計監査人（以下この節において「役員等」という。）は，その任務を怠ったときは，株式会社に対し，これによって生じた損害を賠償する責任を負う。

第5章　計算等

第1節　会計の原則

第431条 [会計の原則] 株式会社の会計は，一般に公正妥当と認められる企業会計の慣行に従うものとする。

第2節　会計帳簿等

第2款　計算書類等

第435条〔計算書類等の作成及び保存〕株式会社は，法務省令で定めるところにより，その成立の日における貸借対照表を作成しなければならない。

❷　株式会社は，法務省令で定めるところにより，各事業年度に係る計算書類（貸借対照表，損益計算書その他株式会社の財産及び損益の状況を示すために必要かつ適当なものとして法務省令で定めるものをいう。以下この章において同じ。）及び事業報告並びにこれらの附属明細書を作成しな

ければならない。

❹　株式会社は，計算書類を作成した時から十年間，当該計算書類及びその附属明細書を保存しなければならない。

第436条〔計算書類等の監査等〕監査役設置会社（監査役の監査の範囲を会計に関するものに限定する旨の定款の定めがある株式会社を含み，会計監査人設置会社を除く。）においては，前条第二項の計算書類及び事業報告並びにこれらの附属明細書は，法務省令で定めるところにより，監査役の監査を受けなければならない。

❸　取締役会設置会社においては，前条第二項の計算書類及び事業報告並びにこれらの附属明細書（第一項又は前項の規定の適用がある場合にあっては，第一項又は前項の監査を受けたもの）は，取締役会の承認を受けなければならない。

第438条〔計算書類等の定時株主総会への提出等〕次の各号に掲げる株式会社においては，取締役は，当該各号に定める計算書類及び事業報告を定時株主総会に提出し，又は提供しなければならない。

一　第四百三十六条第一項に規定する監査役設置会社（取締役会設置会社を除く。）　第四百三十六条第一項の監査を受けた計算書類及び事業報告

二　会計監査人設置会社（取締役会設置会社を除く。）　第四百三十六条第二項の監査を受けた計算書類及び事業報告

三　取締役会設置会社　第四百三十六条第三項の承認を受けた計算書類及び事業報告

❷　前項の規定により提出され，又は提供された計算書類は，定時株主総会の承認を受けなければならない。

第442条〔計算書類等の備置き及び閲覧等〕株式会社は，次の各号に掲げるもの（以下この条において「計算書類等」という。）を，当該各号に定める期間，その本店に備え置かなければならない。

一　各事業年度に係る計算書類及び事業報告並びにこれらの附属明細書（第四百三十六条第一項又は第二項の規定の適用がある場合にあっては，監査報告又は会計監査報告を含む。）　定時株主総会の日の一週間（取締役会設置会社にあっては，二週間）前の日（第三百十九条第一項の場合にあっては，同項の提案があった日）から五年間

❸　株主及び債権者は，株式会社の営業時間内は，いつでも，次に掲げる請求をすることができる。ただし，第二号又は第四号に掲げる請求をするには，当該株式会社の定めた費用を支払わなければならない。

一　計算書類等が書面をもって作成されているときは，当該書面又は当該書面の写しの閲覧の請求

第3節　資本金の額等……………………………………………………………

第1款　総則………………………………………………………………………

第445条〔資本金の額及び準備金の額〕株式会社の資本金の額は，この法律に別段の定めがある場合を除き，設立又は株式の発行に際して株主となる者が当該株式会社に対して払込み又は給付をした財産の額とする。

❷　前項の払込み又は給付に係る額の二分の一を超えない額は，資本金として計上しないことができる。

❸　前項の規定により資本金として計上しないこととした額は，資本準備金として計上しなければならない。

❹　剰余金の配当をする場合には，株式会社は，法務省令で定めるところにより，当該剰余金の配当により減少する剰余金の額に十分の一を乗じて得た額を資本準備金又は利益準備金（以下「準備金」と総称する。）として計上しなければならない。

第446条〔剰余金の額〕株式会社の剰余金の額は，第一号から第四号までに掲げる額の合計額から第五号から第七号までに掲げる額の合計額を減じて得た額とする。

一　最終事業年度の末日におけるイ及びロに掲げる額の合計額からハからホまでに掲げる額の合計額を減じて得た額

　イ　資産の額

　ロ　自己株式の帳簿価額の合計額

　ハ　負債の額

　ニ　資本金及び準備金の額の合計額

　ホ　ハ及びニに掲げるもののほか，法務省令で定める各勘定科目に計上した額の合計額

二　最終事業年度の末日後に自己株式の処分をした場合における当該自己株式の対価の額から当該自己株式の帳簿価額を控除して得た額

三　最終事業年度の末日後に資本金の額の減少をした場合における当該減少額（次条第一項第二号の額を除く。）

四　最終事業年度の末日後に準備金の額の減少をした場合における当該減少額（第四百四十八条第一項第二号の額を除く。）

五　最終事業年度の末日後に第百七十八条第一項の規定により自己株式の消却をした場合における当該自己株式の帳簿価額

六　最終事業年度の末日後に剰余金の配当をした場合における次に掲げる額の合計額

　イ　第四百五十四条第一項第一号の配当財産の帳簿価額の総額（同条第四項第一号に規定する金銭分配請求権を行使した株主に割り当てた当該配当財産の帳簿価額を除く。）

　ロ　第四百五十四条第四項第一号に規定する金銭分配請求権を行使した株主に交付した金銭の額の合計額

　ハ　第四百五十六条に規定する基準未満株式の株主に支払った金銭の額

168

の合計額

七　前二号に掲げるもののほか，法務省令で定める各勘定科目に計上した額の合計額

第4節　剰余金の配当

第453条〔株主に対する剰余金の配当〕株式会社は，その株主（当該株式会社を除く。）に対し，剰余金の配当をすることができる。

第454条〔剰余金の配当に関する事項の決定〕株式会社は，前条の規定による剰余金の配当をしようとするときは，その都度，株主総会の決議によって，次に掲げる事項を定めなければならない。

一　配当財産の種類（当該株式会社の株式等を除く。）及び帳簿価額の総額

二　株主に対する配当財産の割当てに関する事項

三　当該剰余金の配当がその効力を生ずる日

❷　前項に規定する場合において，剰余金の配当について内容の異なる二以上の種類の株式を発行しているときは，株式会社は，当該種類の株式の内容に応じ，同項第二号に掲げる事項として，次に掲げる事項を定めることができる。

一　ある種類の株式の株主に対して配当財産の割当てをしないこととするときは，その旨及び当該株式の種類

二　前号に掲げる事項のほか，配当財産の割当てについて株式の種類ごとに異なる取扱いを行うこととするときは，その旨及び当該異なる取扱いの内容

❹　配当財産が金銭以外の財産であるときは，株式会社は，株主総会の決議によって，次に掲げる事項を定めることができる。

一　株主に対して金銭分配請求権（当該配当財産に代えて金銭を交付することを株式会社に対して請求する権利をいう。以下この章において同じ。）を与えるときは，その旨及び金銭分配請求権を行使することができる期間

❺　取締役会設置会社は，一事業年度の途中において一回に限り取締役会の決議によって剰余金の配当（配当財産が金銭であるものに限る。以下この項において「中間配当」という。）をすることができる旨を定款で定めることができる。この場合における中間配当についての第一項の規定の適用については，同項中「株主総会」とあるのは，「取締役会」とする。

第457条〔配当財産の交付の方法等〕配当財産（第四百五十五条第二項の規定により支払う金銭及び前条の規定により支払う金銭を含む。以下この条において同じ。）は，株主名簿に記載し，又は記録した株主（登録株式質権者を含む。以下この条において同じ。）の住所又は株主が株式会社に通知した場所（第三項において「住所等」という。）において，これを交付しなければならない。

本書関連の法律条文一覧 ► **169**

第6節　剰余金の配当等に関する責任

第461条〔配当等の制限〕次に掲げる行為により株主に対して交付する金銭等（当該株式会社の株式を除く。以下この節において同じ。）の帳簿価額の総額は，当該行為がその効力を生ずる日における分配可能額を超えてはならない。

一　第百三十八条第一号ハ又は第二号ハの請求に応じて行う当該株式会社の株式の買取り

八　剰余金の配当

❷　前項に規定する「分配可能額」とは，第一号及び第二号に掲げる額の合計額から第三号から第六号までに掲げる額の合計額を減じて得た額をいう（以下この節において同じ。）。

一　剰余金の額

二　臨時計算書類につき第四百四十一条第四項の承認（同項ただし書に規定する場合にあっては，同条第三項の承認）を受けた場合における次に掲げる額

　　イ　第四百四十一条第一項第二号の期間の利益の額として法務省令で定める各勘定科目に計上した額の合計額

　　ロ　第四百四十一条第一項第二号の期間内に自己株式を処分した場合における当該自己株式の対価の額

三　自己株式の帳簿価額

四　最終事業年度の末日後に自己株式を処分した場合における当該自己株式の対価の額

五　第二号に規定する場合における第四百四十一条第一項第二号の期間の損失の額として法務省令で定める各勘定科目に計上した額の合計額

六　前三号に掲げるもののほか，法務省令で定める各勘定科目に計上した額の合計額

第462条〔剰余金の配当等に関する責任〕前条第一項の規定に違反して株式会社が同項各号に掲げる行為をした場合には，当該行為により金銭等の交付を受けた者並びに当該行為に関する職務を行った業務執行者（業務執行取締役（指名委員会等設置会社にあっては，執行役。以下この項において同じ。）その他当該業務執行取締役の行う業務の執行に職務上関与した者として法務省令で定めるものをいう。以下この節において同じ。）及び当該行為が次の各号に掲げるものである場合における当該各号に定める者は，当該株式会社に対し，連帯して，当該金銭等の交付を受けた者が交付を受けた金銭等の帳簿価額に相当する金銭を支払う義務を負う。

六　前条第一項第八号に掲げる行為　次に掲げる者

　　イ　第四百五十四条第一項の規定による決定に係る株主総会の決議があった場合（当該決議によって定められた配当財産の帳簿価額が当該決

議の日における分配可能額を超える場合に限る。）における当該株
主総会に係る総会議案提案取締役

ロ　第四百五十四条第一項の規定による決定に係る取締役会の決議があっ
た場合（当該決議によって定められた配当財産の帳簿価額が当該決
議の日における分配可能額を超える場合に限る。）における当該取
締役会に係る取締役会議案提案取締役

第463条〔株主に対する求償権の制限等〕前条第一項に規定する場合にお
いて，株式会社が第四百六十一条第一項各号に掲げる行為により株主に対
して交付した金銭等の帳簿価額の総額が当該行為がその効力を生じた日に
おける分配可能額を超えることにつき善意の株主は，当該株主が交付を受
けた金銭等について，前条第一項の金銭を支払った業務執行者及び同項各
号に定める者からの求償の請求に応ずる義務を負わない。

❷　前条第一項に規定する場合には，株式会社の債権者は，同項の規定に
より義務を負う株主に対し，その交付を受けた金銭等の帳簿価額（当該額
が当該債権者の株式会社に対して有する債権額を超える場合にあっては，
当該債権額）に相当する金銭を支払わせることができる。

第6章　定款の変更

第466条 [定款の変更] 株式会社は，その成立後，株主総会の決議によっ
て，定款を変更することができる。

第7章　事業の譲渡等

第467条〔事業譲渡等の承認等〕株式会社は，次に掲げる行為をする場合
には，当該行為がその効力を生ずる日（以下この章において「効力発生日」
という。）の前日までに，株主総会の決議によって，当該行為に係る契約
の承認を受けなければならない。

一　事業の全部の譲渡

二　事業の重要な一部の譲渡（当該譲渡により譲り渡す資産の帳簿価額が
当該株式会社の総資産額として法務省令で定める方法により算定される額
の五分の一（これを下回る割合を定款で定めた場合にあっては，その割合)
を超えないものを除く。）

三　他の会社（外国会社その他の法人を含む。次条において同じ。）の事
業の全部の譲受け

第468条〔事業譲渡等の承認を要しない場合〕前条の規定は，同条第一項
第一号から第四号までに掲げる行為（以下この章において「事業譲渡等」
という。）に係る契約の相手方が当該事業譲渡等をする株式会社の特別支
配会社（ある株式会社の総株主の議決権の十分の九（これを上回る割合を
当該株式会社の定款で定めた場合にあっては，その割合）以上を他の会社

本書関連の法律条文一覧 ▶ 171

及び当該他の会社が発行済株式の全部を有する株式会社その他これに準ずるものとして法務省令で定める法人が有している場合における当該他の会社をいう。以下同じ。）である場合には，適用しない。

第469条〔反対株主の株式買取請求〕事業譲渡等をする場合（次に掲げる場合を除く。）には，反対株主は，事業譲渡等をする株式会社に対し，自己の有する株式を公正な価格で買い取ることを請求することができる。

第8章　解散

第471条〔解散の事由〕株式会社は，次に掲げる事由によって解散する。

一　定款で定めた存続期間の満了

二　定款で定めた解散の事由の発生

三　株主総会の決議

四　合併（合併により当該株式会社が消滅する場合に限る。）

五　破産手続開始の決定

六　第八百二十四条第一項又は第八百三十三条第一項の規定による解散を命ずる裁判

第472条〔休眠会社のみなし解散〕休眠会社（株式会社であって，当該株式会社に関する登記が最後にあった日から十二年を経過したものをいう。以下この条において同じ。）は，法務大臣が休眠会社に対し二箇月以内に法務省令で定めるところによりその本店の所在地を管轄する登記所に事業を廃止していない旨の届出をすべき旨を官報に公告した場合において，その届出をしないときは，その二箇月の期間の満了の時に，解散したものとみなす。ただし，当該期間内に当該休眠会社に関する登記がされたときは，この限りでない。

第9章　清算

第1節　総則

第1款　清算の開始

第475条〔清算の開始原因〕株式会社は，次に掲げる場合には，この章の定めるところにより，清算をしなければならない。

一　解散した場合（第四百七十一条第四号に掲げる事由によって解散した場合及び破産手続開始の決定により解散した場合であって当該破産手続が終了していない場合を除く。）

二　設立の無効の訴えに係る請求を認容する判決が確定した場合

三　株式移転の無効の訴えに係る請求を認容する判決が確定した場合

第476条〔清算株式会社の能力〕前条の規定により清算をする株式会社（以下「清算株式会社」という。）は，清算の目的の範囲内において，清算が結了するまではなお存続するものとみなす。

第2款　清算株式会社の機関

第1目　株主総会以外の機関の設置

第477条 [株主総会以外の機関の設置] 清算株式会社には，一人又は二人以上の清算人を置かなければならない。

❸　監査役会を置く旨の定款の定めがある清算株式会社は，清算人会を置かなければならない。

❹　第四百七十五条各号に掲げる場合に該当することとなった時において公開会社又は大会社であった清算株式会社は，監査役を置かなければならない。

第2目　清算人の就任及び解任並びに監査役の退任

第478条〔清算人の就任〕次に掲げる者は，清算株式会社の清算人となる。

一　取締役（次号又は第三号に掲げる者がある場合を除く。）

二　定款で定める者

三　株主総会の決議によって選任された者

第3目　清算人の職務等

第481条〔清算人の職務〕清算人は，次に掲げる職務を行う。

一　現務の結了

二　債権の取立て及び債務の弁済

三　残余財産の分配

第484条〔清算株式会社についての破産手続の開始〕清算株式会社の財産がその債務を完済するのに足りないことが明らかになったときは，清算人は，直ちに破産手続開始の申立てをしなければならない。

❷　清算人は，清算株式会社が破産手続開始の決定を受けた場合において，破産管財人にその事務を引き継いだときは，その任務を終了したものとする。

第2節　特別清算

第1款　特別清算の開始

第510条〔特別清算開始の原因〕裁判所は，清算株式会社に次に掲げる事由があると認めるときは，第五百五十四条の規定に基づき，申立てにより，当該清算株式会社に対し特別清算の開始を命ずる。

一　清算の遂行に著しい支障を来すべき事情があること。

二　債務超過（清算株式会社の財産がその債務を完済するのに足りない状態をいう。次条第二項において同じ。）の疑いがあること。

第511条〔特別清算開始の申立て〕債権者，清算人，監査役又は株主は，特別清算開始の申立てをすることができる。

❷　清算株式会社に債務超過の疑いがあるときは，清算人は，特別清算開始の申立てをしなければならない。

第2款　裁判所による監督及び調査

第519条〔裁判所による監督〕特別清算開始の命令があったときは，清算

株式会社の清算は，裁判所の監督に属する。

第520条〔裁判所による調査〕裁判所は，いつでも，清算株式会社に対し，清算事務及び財産の状況の報告を命じ，その他清算の監督上必要な調査をすることができる。

第8款　債権者集会

第552条〔債権者集会の指揮等〕債権者集会は，裁判所が指揮する。

第3編　持分会社

第1章　設立

第575条〔定款の作成〕合名会社，合資会社又は合同会社（以下「持分会社」と総称する。）を設立するには，その社員になろうとする者が定款を作成し，その全員がこれに署名し，又は記名押印しなければならない。

第576条〔定款の記載又は記録事項〕持分会社の定款には，次に掲げる事項を記載し，又は記録しなければならない。

四　社員の氏名又は名称及び住所

五　社員が無限責任社員又は有限責任社員のいずれであるかの別

❸　設立しようとする持分会社が合資会社である場合には，第一項第五号に掲げる事項として，その社員の一部を無限責任社員とし，その他の社員を有限責任社員とする旨を記載し，又は記録しなければならない。

第2章　社員

第1節　社員の責任等

第580条〔社員の責任〕社員は，次に掲げる場合には，連帯して，持分会社の債務を弁済する責任を負う。

一　当該持分会社の財産をもってその債務を完済することができない場合

二　当該持分会社の財産に対する強制執行がその効を奏しなかった場合（社員が，当該持分会社に弁済をする資力があり，かつ，強制執行が容易であることを証明した場合を除く。）

❷　有限責任社員は，その出資の価額（既に持分会社に対し履行した出資の価額を除く。）を限度として，持分会社の債務を弁済する責任を負う。

第581条〔社員の抗弁〕社員が持分会社の債務を弁済する責任を負う場合には，社員は，持分会社が主張することができる抗弁をもって当該持分会社の債権者に対抗することができる。

第2節　持分の譲渡等

第585条〔持分の譲渡〕社員は，他の社員の全員の承諾がなければ，その持分の全部又は一部を他人に譲渡することができない。

第3章　管理

第 1 節　総則

第 590 条〔業務の執行〕社員は，定款に別段の定めがある場合を除き，持分会社の業務を執行する。

❷　社員が二人以上ある場合には，持分会社の業務は，定款に別段の定めがある場合を除き，社員の過半数をもって決定する。

第 591 条〔業務を執行する社員を定款で定めた場合〕業務を執行する社員を定款で定めた場合において，業務を執行する社員が二人以上あるときは，持分会社の業務は，定款に別段の定めがある場合を除き，業務を執行する社員の過半数をもって決定する。この場合における前条第三項の規定の適用については，同項中「社員」とあるのは，「業務を執行する社員」とする。

第 592 条〔社員の持分会社の業務及び財産状況に関する調査〕業務を執行する社員を定款で定めた場合には，各社員は，持分会社の業務を執行する権利を有しないときであっても，その業務及び財産の状況を調査することができる。

第 599 条〔持分会社の代表〕業務を執行する社員は，持分会社を代表する。ただし，他に持分会社を代表する社員その他持分会社を代表する者を定めた場合は，この限りでない。

第 4 編　社債

第 1 章　総則

第 676 条〔募集社債に関する事項の決定〕会社は，その発行する社債を引き受ける者の募集をしようとするときは，その都度，募集社債（当該募集に応じて当該社債の引受けの申込みをした者に対して割り当てる社債をいう。以下この編において同じ。）について次に掲げる事項を定めなければならない。

一　募集社債の総額
二　各募集社債の金額
三　募集社債の利率
四　募集社債の償還の方法及び期限
六　社債券を発行するときは，その旨
七　社債権者が第六百九十八条の規定による請求の全部又は一部をすることができないこととするときは，その旨
八　社債管理者が社債権者集会の決議によらずに第七百六条第一項第二号に掲げる行為をすることができることとするときは，その旨

第 2 章　社債管理者

第 702 条〔社債管理者の設置〕会社は，社債を発行する場合には，社債管

理者を定め，社債権者のために，弁済の受領，債権の保全その他の社債の管理を行うことを委託しなければならない。ただし，各社債の金額が一億円以上である場合その他社債権者の保護に欠けるおそれがないものとして法務省令で定める場合は，この限りでない。

第703条〔社債管理者の資格〕社債管理者は，次に掲げる者でなければならない。

一　銀行

二　信託会社

三　前二号に掲げるもののほか，これらに準ずるものとして法務省令で定める者

第3章　社債権者集会··

第715条〔社債権者集会の構成〕社債権者は，社債の種類ごとに社債権者集会を組織する。

第5編　組織変更，合併，会社分割，株式交換及び株式移転··················
第1章　組織変更··
第1節　通則··

第743条〔組織変更計画の作成〕会社は，組織変更をすることができる。この場合においては，組織変更計画を作成しなければならない。

第2章　合併··
第1節　通則··

第748条〔合併契約の締結〕会社は，他の会社と合併をすることができる。この場合においては，合併をする会社は，合併契約を締結しなければならない。

第3章　会社分割··
第1節　吸収分割··
第1款　通則··

第757条〔吸収分割契約の締結〕会社（株式会社又は合同会社に限る。）は，吸収分割をすることができる。この場合においては，当該会社がその事業に関して有する権利義務の全部又は一部を当該会社から承継する会社（以下この編において「吸収分割承継会社」という。）との間で，吸収分割契約を締結しなければならない。

第2節　新設分割··
第1款　通則··

第762条〔新設分割計画の作成〕一又は二以上の株式会社又は合同会社は，

176

新設分割をすることができる。この場合においては，新設分割計画を作成しなければならない。

第4章　株式交換及び株式移転
第1節　株式交換
第1款　通則
第767条〔株式交換契約の締結〕株式会社は，株式交換をすることができる。この場合においては，当該株式会社の発行済株式の全部を取得する会社（株式会社又は合同会社に限る。以下この編において「株式交換完全親会社」という。）との間で，株式交換契約を締結しなければならない。

第2節　株式移転
第772条〔株式移転計画の作成〕一又は二以上の株式会社は，株式移転をすることができる。この場合においては，株式移転計画を作成しなければならない。

第7編　雑則
第2章　訴訟
第1節　会社の組織に関する訴え
第828条〔会社の組織に関する行為の無効の訴え〕次の各号に掲げる行為の無効は，当該各号に定める期間に，訴えをもってのみ主張することができる。

一　会社の設立　会社の成立の日から二年以内

二　株式会社の成立後における株式の発行　株式の発行の効力が生じた日から六箇月以内（公開会社でない株式会社にあっては，株式の発行の効力が生じた日から一年以内）

❷　次の各号に掲げる行為の無効の訴えは，当該各号に定める者に限り，提起することができる。

一　前項第一号に掲げる行為　設立する株式会社の株主等（株主，取締役又は清算人（監査役設置会社にあっては株主，取締役，監査役又は清算人，指名委員会等設置会社にあっては株主，取締役，執行役又は清算人）をいう。以下この節において同じ。）又は設立する持分会社の社員等（社員又は清算人をいう。以下この項において同じ。）

第830条〔株主総会等の決議の不存在又は無効の確認の訴え〕株主総会若しくは種類株主総会又は創立総会若しくは種類創立総会（以下この節及び第九百三十七条第一項第一号トにおいて「株主総会等」という。）の決議については，決議が存在しないことの確認を，訴えをもって請求することができる。

❷　株主総会等の決議については，決議の内容が法令に違反することを理

本書関連の法律条文一覧 ▶ 177

由として，決議が無効であることの確認を，訴えをもって請求することができる。

第 831 条〔株主総会等の決議の取消しの訴え〕次の各号に掲げる場合には，株主等（当該各号の株主総会等が創立総会又は種類創立総会である場合にあっては，株主等，設立時株主，設立時取締役又は設立時監査役）は，株主総会等の決議の日から三箇月以内に，訴えをもって当該決議の取消しを請求することができる。当該決議の取消しにより株主（当該決議が創立総会の決議である場合にあっては，設立時株主）又は取締役（監査等委員会設置会社にあっては，監査等委員である取締役又はそれ以外の取締役。以下この項において同じ。），監査役若しくは清算人（当該決議が株主総会又は種類株主総会の決議である場合にあっては第三百四十六条第一項（第四百七十九条第四項において準用する場合を含む。）の規定により取締役，監査役又は清算人としての権利義務を有する者を含み，当該決議が創立総会又は種類創立総会の決議である場合にあっては設立時取締役（設立しようとする株式会社が監査等委員会設置会社である場合にあっては，設立時監査等委員である設立時取締役又はそれ以外の設立時取締役）又は設立時監査役を含む。）となる者も，同様とする。

一　株主総会等の招集の手続又は決議の方法が法令若しくは定款に違反し，又は著しく不公正なとき。

二　株主総会等の決議の内容が定款に違反するとき。

三　株主総会等の決議について特別の利害関係を有する者が議決権を行使したことによって，著しく不当な決議がされたとき。

❷　前項の訴えの提起があった場合において，株主総会等の招集の手続又は決議の方法が法令又は定款に違反するときであっても，裁判所は，その違反する事実が重大でなく，かつ，決議に影響を及ぼさないものであると認めるときは，同項の規定による請求を棄却することができる。

第 4 章　登記
第 1 節　総則
第 907 条〔通則〕この法律の規定により登記すべき事項（第九百三十八条第三項の保全処分の登記に係る事項を除く。）は，当事者の申請又は裁判所書記官の嘱託により，商業登記法（昭和三十八年法律第百二十五号）の定めるところに従い，商業登記簿にこれを登記する。

第 2 節　会社の登記
第 1 款　本店の所在地における登記
第 911 条〔株式会社の設立の登記〕株式会社の設立の登記は，その本店の所在地において，次に掲げる日のいずれか遅い日から二週間以内にしなければならない。

一　第四十六条第一項の規定による調査が終了した日（設立しようとする株式会社が指名委員会等設置会社である場合にあっては，設立時代表執行役が同条第三項の規定による通知を受けた日）

二　発起人が定めた日

❸　第一項の登記においては，次に掲げる事項を登記しなければならない。

一　目的

五　資本金の額

七　発行する株式の内容（種類株式発行会社にあっては，発行可能種類株式総数及び発行する各種類の株式の内容）

九　発行済株式の総数並びにその種類及び種類ごとの数

十三　取締役（監査等委員会設置会社の取締役を除く。）の氏名

第926条〔解散の登記〕第四百七十一条第一号から第三号まで又は第六百四十一条第一号から第四号までの規定により会社が解散したときは，二週間以内に，その本店の所在地において，解散の登記をしなければならない。

第5章　公告

第1節　総則

第939条〔会社の公告方法〕会社は，公告方法として，次に掲げる方法のいずれかを定款で定めることができる。

一　官報に掲載する方法

二　時事に関する事項を掲載する日刊新聞紙に掲載する方法

三　電子公告

第8編　罰則

第960条〔取締役等の特別背任罪〕次に掲げる者が，自己若しくは第三者の利益を図り又は株式会社に損害を加える目的で，その任務に背く行為をし，当該株式会社に財産上の損害を加えたときは，十年以下の懲役若しくは千万円以下の罰金に処し，又はこれを併科する。

一　発起人

二　設立時取締役又は設立時監査役

三　取締役，会計参与，監査役又は執行役

八　検査役

さくいん

あ

違法配当	91
インサイダー取引き	71
営利性	15
親子会社	121

か

会計監査人	76
会計帳簿	83
会社更生	125
解散	110
会社	12
会社の機関	58
会社設立の無効	35
会社の設立	30
会社の不成立	36
会社の分割	120
会社法	12
会社法の法源	13
会社法の歴史	17
額面株式制度の廃止	41
合併	117
株券	46
株券喪失登録	47
株券の不所持制度	46
株券発行前の株式	49
株式	22・40
株式移転	121
株式会社	22
株式会社の機関	58
株式会社の歴史	25
株式買取請求権	66

株式交換	121
株式消却	52
株式譲渡自由の原則	48
株式の種類	43
株式の譲渡	48
株式の譲渡制限	48・107
株式の担保差し入れ	51
株式分割	53
株式併合	52
株主資本等変動計算書	83
株主総会	62
株主代表訴訟	71
株主の義務	46
株主の経理検査権	92
株主の権利	42
株主平等の原則	43
株主名簿	47
監査役	75
監査役会	75
監査役の権限	76
監査役の人数・資格・任期	75
間接金融	96
間接有限責任	23
議決権	64
議決権制限株式	45
議決権の不統一行使	64
基準日	48
共益権	42
競業取引き	70
業務担当取締役	74
金庫株の解禁	51
繰延資産	85
計算書類	82

決議取消の訴え	67
決議の瑕疵	66
決議不存在確認の訴え	67
決議無効確認の訴え	67
検査役	78
権利株	49
権利能力なき社団	16・35
合資会社	25・131
合同会社	25・131
合名会社	25・130
コーポレート・ガバナンス	77
子会社	121
固定資産	84

さ

最低資本金制度	24
自益権	42
事業報告書	87
自己株式	50
執行役員	74
資本金	23・88
資本確定の原則	24
資本充実・維持の原則	24
資本の3原則	24
資本不変の原則	24
指名委員会等設置会社	77
社員	22
社債	102
社債管理者	102
社債権者集会	102
社団性	15
取得条項付株式	45
取得請求権付株式	45
種類株式	43
準備金	88・89
商業帳簿	83

少数株主権	63
譲渡制限株式	44
剰余金の分配	90
所有と経営の分離	25・68
新株予約権	99
新株予約権付社債	102
人的会社	26
清算	112
絶対的記載事項	33
設立中の会社	35
善意取得	48
選解任種類株式	45
総会屋	64
相対的記載事項	33
組織変更	116
損益計算書	86

た

大会社	76
貸借対照表	84
代表取締役	73
単元株制度	54
中間配当	91
直接金融	96
通常清算	112
定款	32
定款変更	106
定款変更自由の原則	106
転換社債	107
特殊な決議	65
特殊の株式発行	101
特別決議	65
特別清算	126
特別利害関係人	67・69
トラッキング・ストック	44
取締役	68

さくいん ▶ 181

取締役会	72
取締役の義務	69
取締役の報酬	71

な

任意準備金	91
任意的記載事項	33

は

表見代表取締役	74
附属明細書	87
普通株	44
普通決議	65
物的会社	26
変態設立事項	33
法人格否認の法理	16
法人性	16
法定準備金	91
募集株式	98

募集設立	31
発起設立	31
発起人	32
発起人組合	32

ま

みなし大会社	77
民事再生	125
名義書き換え	46・48
持分会社	25・130

や

優先株	44

ら

利益相反取引き	72
流動資産	84
劣後株	44

著　者　プ　ロ　フ　ィ　ー　ル

尾崎哲夫 (Ozaki Tetsuo)

1953年大阪生まれ。1976年早稲田大学法学部卒業。2000年早稲田大学大学院アジア太平洋研究科国際関係専攻修了。2008年米国ルイス・アンド・クラーク法科大学院留学。

松下電送機器㈱勤務，関西外国語大学短期大学部教授，近畿大学教授を経て，現在研究・執筆中。

主な著書に，「ビジネスマンの基礎英語」(日経文庫)「海外個人旅行のススメ」「海外個人旅行のヒケツ」(朝日新聞社)「大人のための英語勉強法」(PHP文庫)「私の英単語帳を公開します!」(幻冬舎)「コンパクト法律用語辞典」「法律英語用語辞典」「条文ガイド六法　会社法」「法律英語入門」「アメリカの法律と歴史」「アメリカ市民の法律入門 (翻訳)」「はじめての民法総則」「はじめての会社法」「はじめての知的財産法」「はじめての行政法」「はじめての労働法」「国際商取引法入門」(自由国民社) 他多数がある。

[Blog] http://tetsuoozaki.blogspot.com/
[E-Mail] ted.ozaki@gmail.com
[Web] http://www.ozaki.to

About the Author

Ozaki Tetsuo, born in Japan in 1953, was a professor at Kinki University.

Graduating from Waseda University at Law Department in April 1976, he was hired as an office worker at Matsushitadenso (Panasonic group). He graduated from graduate school of Asia-Pacific Studies at Waseda University in 2000. He studied abroad at Lewis & Clark Law school in the United States in 2008. Prior to becoming a professor at Kinki University he was a professor at Kansaigaikokugo college (from April 2001 to September 2004).

He has been publishing over two hundred books including,

A Dictionary of English Legal Terminology, Tokyo : Jiyukokuminsha, 2003

The Law and History of America, Tokyo : Jiyukokuminsha, 2004

An introduction to legal English, Tokyo : Jiyukokuminsha, 2003

English Study Method for Adults, Tokyo : PHP, 2001

The Dictionary to learn Legal Terminology, Tokyo : Jiyukokuminsha, 2002

The first step of Legal seminar series (over 20 books series), Tokyo : Jiyukokuminsha, 1997〜

The Fundamental English for business person, Tokyo : Nihonkeizaishinbunsha (Nikkei), 1994

The Recommendation of Individual Foreign Travel, Tokyo : Asahishinbunsha, 1999

The Key to Individual Foreign Travel, Tokyo : Asahishinbunsha, 2000

Master in TOEIC test, Tokyo : PHP, 2001

Basic English half an hour a day, Tokyo : Kadokawashoten, 2002

I show you my studying notebook of English words, Tokyo : Gentosha, 2004

American Legal Cinema and English, Tokyo : Jiyukokuminsha, 2005, and other lots of books.
He has also translated the following book.
Feinman, Jay, *LAW 101 Everything you need to know about the American Legal System*, England : Oxford University Press, 2000
＊These book titles translated in English. The original titles are published in Japanese language.

［3日でわかる法律入門］

はじめての会社法

2001年3月22日　初版発行
2019年10月4日　第11版第1刷発行

著　者──尾崎哲夫

発行者──伊藤　滋

印刷所──横山印刷株式会社

製本所──新風製本株式会社

発行所──株式会社自由国民社

〒171-0033　東京都豊島区高田3－10―11
TEL 03 (6233) 0781 ⒞　振替 00100-6-189009
http://www.jiyu.co.jp/

Ⓒ2019　Tetsuo Ozaki　Printed in Japan.
落丁本・乱丁本はお取り替えいたします。